MIX & FERTIG

FAMILY
EDITION

Die besten GU-Rezepte für den

THERMOMIX

KAROLA WIEDEMANN

MIX & FERTIG

Die besten GU-Rezepte für den
THERMOMIX

FAMILY
EDITION

FOTOS: KLAUS EINWANGER
ILLUSTRATIONEN: JULIA HOLLWECK

DIE GU-QUALITÄTS-GARANTIE

Wir möchten Ihnen mit den Informationen und Anregungen in diesem Buch das Leben erleichtern und Sie inspirieren, Neues auszuprobieren. Bei jedem unserer Bücher achten wir auf Aktualität und stellen höchste Ansprüche an Inhalt, Optik und Ausstattung. Alle Rezepte und Informationen werden von unseren Autoren gewissenhaft erstellt und von unseren Redakteuren sorgfältig ausgewählt und mehrfach geprüft. Deshalb bieten wir Ihnen eine 100 %ige Qualitätsgarantie.

Darauf können Sie sich verlassen:
Wir legen Wert darauf, dass unsere Kochbücher zuverlässig und inspirierend zugleich sind. Wir garantieren:
• dreifach getestete Rezepte
• sicheres Gelingen durch Schritt-für-Schritt-Anleitungen und viele nützliche Tipps
• eine authentische Rezept-Fotografie

Wir möchten für Sie immer besser werden:
Sollten wir mit diesem Buch Ihre Erwartungen nicht erfüllen, lassen Sie es uns bitte wissen! Wir tauschen Ihr Buch jederzeit gegen ein gleichwertiges zum gleichen oder ähnlichen Thema um. Nehmen Sie einfach Kontakt zu unserem Leserservice auf. Die Kontaktdaten unseres Leserservice finden Sie am Ende dieses Buches.

GRÄFE UND UNZER VERLAG
Der erste Ratgeberverlag – seit 1722.

Vorwort: Küchenrevolution 6
So funktioniert der Thermomix 8
Multifunktionale Teile 10
Basics für Eigenkreationen 12
Tricks für gutes Gelingen 14

16

PFIFFIGE AUFSTRICHE, DIPS & SNACKS

Keine Lust mehr auf Wurststulle und Käsebrot? Dann nichts wie ran an unsere Pasten, Cremes und Häppchen – so wird jede Pausenbrot- und Lunchbox zur leckeren Schatzkiste.

DIP- & SNACKSPECIALS

Lagerfeuer-Hits:
heißes Brot mit Dip nach Wahl 24

Süßes aufs Brot:
nicht nur zum Frühstück lecker 30

Grundrezept Sandwichbrot mit
Wunschbelag 36

Saftige Wraps: liegen gut
gewickelt in der Hand 42

44

VVITAMINREICHE SALATE FÜRS GANZE JAHR

Alles antreten zum Vitamine tanken! Die bunten »Frischen« sind echte Alleskönner: mal sattwürziges Hauptgericht, mal gemüseknackige Beilage.

SALATESPECIALS

Möhrenrohkost:
blitzschnelle Vitaminbomben 48

Kartoffelsalat: Familienliebling × 4 . . 54

Tomatensalat: Sommerfrische
für Groß und Klein 56

64

DIE ONE POTS FÜR ENTSPANNTES KOCHEN

Zu Omas Zeiten hießen die noch Eintopf oder Suppe, das clevere Prinzip war aber das gleiche wie heutzutage: Alles gart zusammen! Schmeckt lecker, und ist praktisch, weil man weniger spülen muss.

ONE-POT-SPECIALS

Cremesuppenglück: macht
löffelweise satt und zufrieden 76

OB GROSS ODER KLEIN – PASTA SCHMECKT JEDEM

90

Nudeln gehen immer, keine Frage. Und in puncto Saucen ist bei uns ist garantiert für jeden etwas dabei. Heute suche ich aus, morgen Mama und übermorgen ist Papa dran …

PASTASPECIALS

Sahnesaucen für Spaghetti 94

Nudelaufläufe:
von allen heiß geliebt 101

Feine Tomatensaucen:
Rot ist die Liebe 106

FAMILY-HITS MIT FLEISCH & FISCH

116

Hochstapler gesucht: Während unten im Topf die Beilagen garen, kommen Fleisch und Fisch ganz nach oben und dämpfen dort ihrer Vollendung entgegen. Echt clever!

FLEISCH- & FISCHSPECIALS

Allerlei Beilagen für die
ganze Familie 124

Family-Vorrat:
Dauerbrenner homemade 126

Fisch-Nuggets:
lassen Kinderaugen leuchten 142

ALLES VEGGIE – OHNE WENN UND ABER

147

Donnerstag ist Veggietag! Was es da gibt? Na, zum Beispiel, Puffer, Döner oder Quiche – ganz ohne Tier, dafür mit der Extraportion Yummy-Gemüse.

VEGGIESPECIALS

Falsche Pasta mit buntem
Saucen-Dreierlei 154

FÜR DESSERTS GIBT'S EINEN EXTRA-MAGEN

174

Gibt's noch Nachtisch? Na klar – dem Thermomix sei Dank. Denn jetzt lassen sich Leckereien wie Erdbeermousse und Apfeltiramisu ruck, zuck in die Dessertschälchen zaubern!

DESSERTSPECIALS

Eiskalte Schleckereien:
schmecken nicht nur im Sommer .. 176

Family-Highlights:
Süßes, das nicht fehlen darf 182

Zarte Cremes:
die zergehen auf der Zunge........ 192

FEINES GEBÄCK – MAL PIKANT, MAL SÜSS

200

Teig kneten, Cremes rühren und Schokolade schmelzen … zum Glück gibt's den Thermomix! Nur gut, dass er nicht auch noch das Teigschlecken übernimmt …

GEBÄCKSPECIALS

Partyklassiker: herzhafte
Kleinigkeiten auf die Hand 202

Muffins & Riegel: ruck, zuck
fertig zum Reinbeißen 208

Lieblingsteilchen für
jede Gelegenheit 226

Freihändig kochen
mit dem Thermomix 228

Register von A–Z 230

Expressrezepte im Überblick 239

Impressum 240

Zaubermixer

Leibspeisen-
Lieferant

Alleskönner

KÜCHENREVOLUTION

Die praktischste Erfindung, seit es Küchenmaschinen gibt: Der Thermomix kocht fast allein!

Hoppla, eine Revolution in meiner heiß geliebten Küche! Mit dem Einzug des Thermomix, damals dem TM 31, dem Vorgängermodell des TM 5, sind bei mir fast alle Küchengeräte zum Rühren, Zerkleinern und Wiegen weitgehend arbeitslos geworden – sogar meine hoch geschätzte Küchenmaschine. Ganz nebenbei habe ich mit dem Zauberkessel und seiner Varoma-Funktion auch noch den lang ersehnten Dampfgarer bekommen und kann damit jetzt besonders vitaminschonend und gesund garen.

Ein weiterer Pluspunkt: Für Risotto, Zabaione, mal eben eine Hollandaise, Rohkostsalat oder feinste selbst gemachte Konfitüre als Last-Minute-Geschenk braucht mich der Thermomix kaum. Die Ausrede »Das dauert zu lang« lässt meine Familie deshalb längst nicht mehr gelten. In den Töpfen rühren, damit nichts anbrennt, war gestern, heute räume ich stattdessen ganz entspannt die Küche auf oder decke in aller Ruhe den Tisch, während mein Zauberkessel munter vor sich hin rührt.

VIELSEITIG UND SUPER LEICHT ZU BEDIENEN

Meine Familie und meine Freunde sind begeistert über all die Leckereien, die dieser Wundertopf tagtäglich ausspuckt – und mittlerweile wundert sich auch keiner mehr, dass die Suppe plötzlich fertig ist, obwohl kein Kochtopf auf dem Herd gesichtet wurde. Ich habe meinen Thermomix jedenfalls ins Herz geschlossen, weil er so super praktisch und unglaublich vielseitig ist.

Immer wieder inspiriert er mich zu neuen kreativen Rezeptideen, die ich dann auch gleich im Handumdrehen auf den Tisch zaubern kann. Habe ich wirklich mal keine Zeit zum Kochen, dann macht mein Liebster mithilfe meiner Rezepte gemeinsame Sache mit dem Thermomix – und das, obwohl er sonst beim Kochen eher zwei linke Hände hat.

Karola Wiedemann

»Leckeres fix gemixt – so koche ich am liebsten!«

SO FUNKTIONIERT DER THERMOMIX

Einfacher geht es kaum: Symbole und Anzeigen des Thermomix erklären sich fast von selbst – wer sie sich einmal eingeprägt hat, kocht fortan fast mit links.

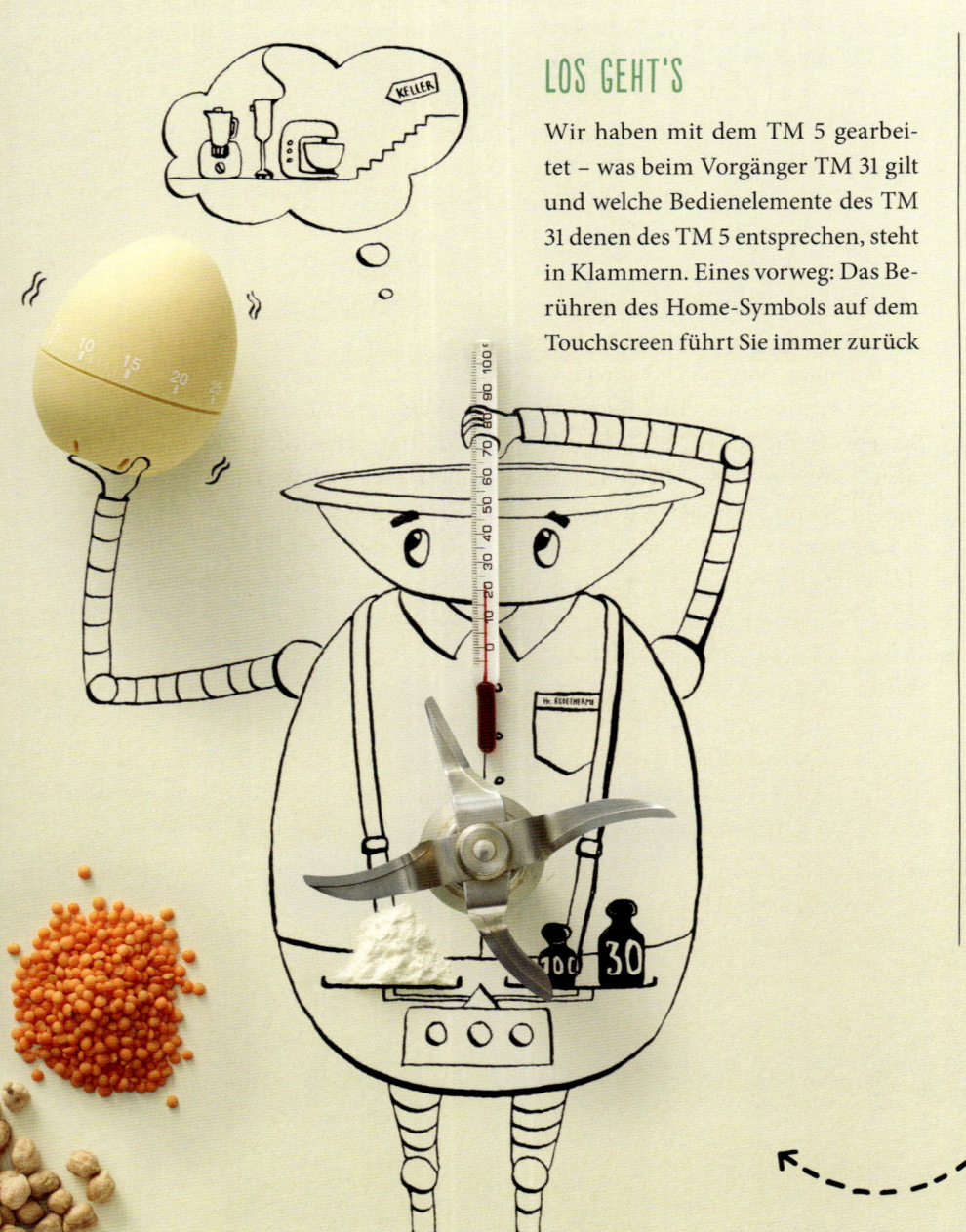

LOS GEHT'S

Wir haben mit dem TM 5 gearbeitet – was beim Vorgänger TM 31 gilt und welche Bedienelemente des TM 31 denen des TM 5 entsprechen, steht in Klammern. Eines vorweg: Das Berühren des Home-Symbols auf dem Touchscreen führt Sie immer zurück zur Ausgangsanzeige (beim TM 31 mit dem Einschaltknopf).

DAS RICHTIGE TIMING

Nach Einschalten des Geräts wählen Sie mit der Zeitanzeige (linker Kreis auf dem Touchscreen) und mit dem Wähler rechts die Zeit. Im Betrieb zeigt der Thermomix die Restzeit an, im Betrieb ohne Zeitvorgabe die gelaufene Zeit. Änderungen der Zeitvorgabe sind stets möglich. Bei vorzeitigem Stopp misst die Zeit weiter, wenn der Thermomix wieder läuft. (TM 31 zeigt die Zeit auf dem Display neben dem Uhren-Symbol an. Einstellung erfolgt über +/- Tasten.)

KOCHEN MIT HEIZFUNKTION

Bei Betrieb mit Heizfunktion stellen Sie die im Rezept angegebene Temperatur zwischen 37 und 120° oder »Varoma« ein. Dafür die Temperaturanzeige (mittlerer Kreis auf dem

»Ich bin ein echtes Heinzelmännchen!«

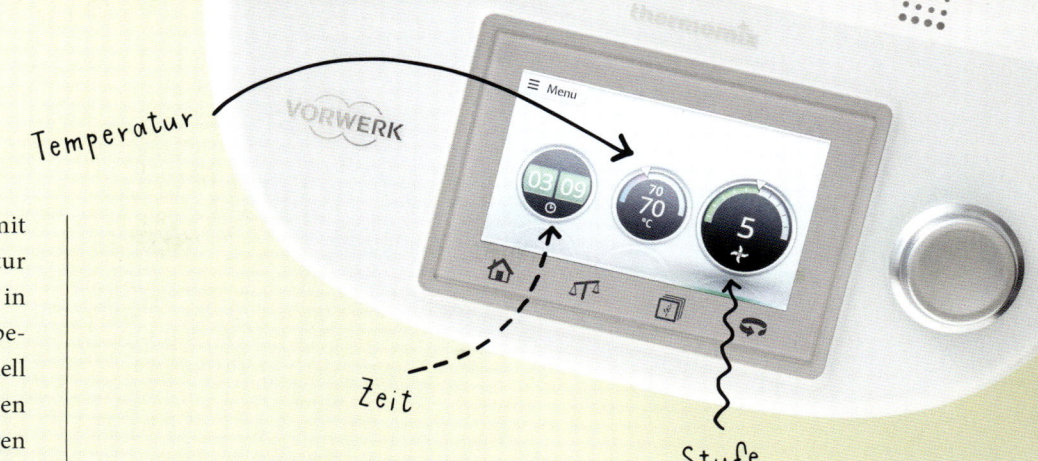

Temperatur

Zeit

Stufe

Touchscreen) berühren und mit dem Wähler rechts die Temperatur einstellen. Sie sehen dann in °C in großen Ziffern die gewählte Temperatur, in kleinen Ziffern die aktuell erreichte Temperatur. Die Farben oberhalb des Touchscreens zeigen an, ob die Temperatur im Topf über (rot) oder unter (grün) 55–60° liegt. (Beim TM 31 zeigen das blinkende Lämpchen neben der Temperaturangabe die gewählte Temperatur an, die leuchtenden Lämpchen die erreichte Temperatur. Die Wahl von 37–100° erfolgt mit dem Knopf neben der gewünschten Temperatur und zum Dampfgaren bzw. für 120° mit dem Knopf neben dem Schriftzug »Varoma« vorn auf dem Gerät.)

DREHZAHLSTUFE WÄHLEN

Für die Geschwindigkeit des Mixmessers die Anzeige der Drehzahlstufe (rechter Kreis auf dem Touchscreen) berühren und mit dem Wähler rechts die Stufe einstellen. Das Gerät verriegelt und beginnt zu arbeiten. (Beim TM 31 den Topf von Hand verriegeln, mit dem Drehknopf die Drehzahlstufe wählen und damit das Gerät starten.)

Das Symbol mit der Ähre führt zum schnellstmöglichen Tempo, dem Turbomodus, oder zum Teigmodus. Nach Berühren des Ähre-Symbols setzen Sie die jeweilige Stufe mit dem Wähler in Gang. (Beim TM 31 die Turbostufe mit dem Knopf neben dem Schriftzug »Turbo« und die Teigstufe mit dem Knopf neben dem Ähre-Symbol wählen.)

Möchten Sie auf Linkslauf und damit auf schonenderes Rühren umschalten, berühren Sie auf dem Touchscreen rechts unten das Symbol mit dem runden Pfeil (beim TM 31 mit dem Knopf neben dem runden Pfeil vorn rechts).

WIEGEN UND ZUWIEGEN

Mit dem Waagesymbol auf dem Touchscreen rufen Sie die integrierte Wiegefunktion mit Nullstellung auf. Wenn Sie eine weitere Zutat einwiegen wollen, den Schriftzug »Tara« berühren und damit die Waage auf Null stellen (beim TM 31 durch Drücken der Taste neben dem Waagesymbol). Bei laufendem Gerät kann nur bis Drehzahlstufe 4 gewogen werden (beim TM 31 gar nicht). Zum Wiegen den Betrieb unterbrechen geht immer.

KINDERSICHERUNG

Unter »Einstellungen« (über das Menü auf dem Startbild) können Sie das Gerät mit einer PIN-Nummer sperren, die Sie beim Einschalten eingeben müssen – aber nur, wenn Sie »Schloss aktiv« eingestellt haben. Falls Sie die PIN-Nummer einmal vergessen haben, finden Sie eine Master-PIN zum Entsperren in der Bedienungsanleitung.

Kleine Finger sind hier tabu!

KINDERSICHERUNG PIN

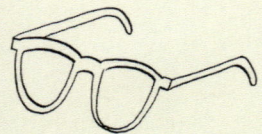

MULTIFUNKTIONALE TEILE

Herd, Waage, Küchenmaschine und Topf in einem: Beim Thermomix sind alle Teile perfekt aufeinander abgestimmt und ergänzen sich zu einer richtigen Mini-Küche.

Echt vielseitig:
Der kann mehr
als nur Teig aus der
Schüssel kratzen!

MIXTOPF MIT ZUBEHÖR

Der Mixtopf besteht aus Topf mit Markierungen für die Füllmenge, Topffuß und Mixmesser. Der Messbecher dient als Verschlusskappe für das Loch im Deckel und verhindert, dass im Betrieb Wärme entweicht und Gargut herausspritzt. Es lassen sich damit aber auch Zutaten abmessen: bis zur Höhe des Kragens 50 ml, bis zur Markierung 100 ml (beim TM 31 ohne Markierung). Wenn Sie den Messbecher anheben, können Sie Zutaten ins laufende Gerät geben.

KOCHEN UND DAMPFGAREN

Mit Gareinsatz und Varoma-Behälter sowie dessen Einlegeboden und Deckel können Sie in bis zu vier Etagen garen. Je kürzer die Garzeit einer Zutat und je empfindlicher diese ist, umso weiter oben sollte sie liegen. Für das Dampfgaren muss der Varoma-Behälter direkt auf dem Mix-topfdeckel stehen (ohne Messbecher) und mit dem Deckel geschlossen sein. Den Einlegeboden können Sie nach Bedarf verwenden.

Gareinsatz, Varoma-Behälter und Einlegeboden eignen sich jeweils auch gut als Durchschlag. Der Deckel des Varoma-Behälters dient umgedreht zudem als Untersetzer und Auffangschale, wenn Sie das Essen im Varoma-Behälter oder Einlegeboden servieren.

Beim Reduzieren und Kochen von Flüssigkeiten stellen Sie den Gareinsatz statt des Messbechers als Spritzschutz auf den Mixtopfdeckel.

ORIGINAL-SPATEL VERWENDEN

Während des Betriebs sollten Sie ausschließlich mit dem mitgelieferten Spatel nachhelfen, jedoch nicht, wenn der Rühraufsatz im Mixtopf steckt. Der Spatel hat einen Sicherheitskragen und kann beim Rühren

durch die Öffnung im Deckel das Messer nicht berühren. Auch zum Leeren des Topfs verwenden Sie diesen Spatel. Diesen dabei möglichst immer im Uhrzeigersinn am Topfboden bewegen, sodass er immer auf die stumpfe Messerseite trifft.

Mit dem Spatel können Sie auch den heißen Gareinsatz aus dem Topf holen, indem Sie ihn mit dem Haken am Stiel an der Kerbung des Gareinsatzes einhängen.

SANFTES RÜHREN

Zum Schlagen von Sahne, Eischnee und Biskuit und zum Emulgieren von Saucen und Mayonnaise benötigen Sie den Rühraufsatz. Auch Pudding oder Buttercreme gelingen damit bei geringer Rührgeschwindigkeit ohne Ansetzen. Wichtig: Um ihn nicht zu beschädigen, darf der Aufsatz nur bis maximal Drehzahlstufe 4 rühren!

INTEGRIERTE WAAGE

Sie können die Waage auch zum vorbereitenden Wiegen nutzen. Zutaten einfach auf den Mixtopfdeckel legen oder in einer Schüssel darauf

Stapelkünstler gesucht!

einwiegen. Das geht bis Drehzahlstufe 4, auch wenn das Gerät läuft. Die Waage wiegt auf 5 bis 10 g genau und insgesamt maximal 6 kg. (Beim TM 31 kann man nicht wiegen, wenn der Thermomix läuft.)

RUCK, ZUCK BLITZBLANK!

Bis auf das Grundgerät können alle Teile in die Spülmaschine. Den Mixtopf dafür am besten in seine Teile zerlegen, da sonst beim Spülen Wasser in den Mixtopffuß eindringt. Beim Einsetzen des Mixtopfs in das Grundgerät sollten die Kontaktstifte immer trocken sein, damit keine Feuchtigkeit in das Grundgerät eindringen kann. Um den Mixtopf mit der Hand zu spülen, verwenden Sie am besten eine Universalbürste für Mixtöpfe (Internethandel).

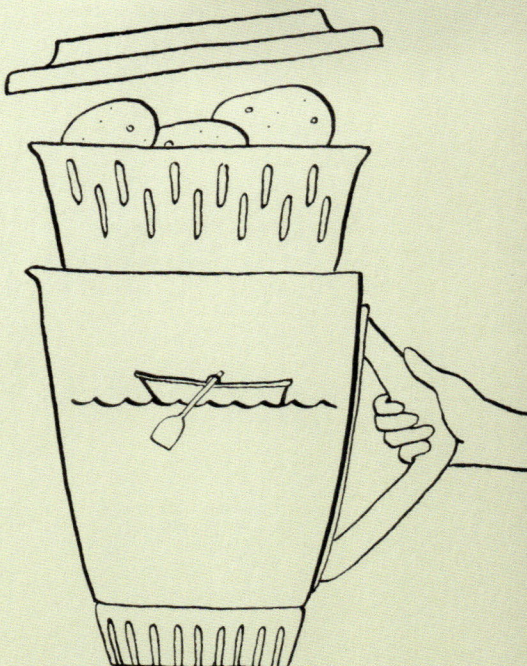

Eins, zwei, drei – so wird aus dem Thermomix ein Dampfgarer.

BASICS FÜR EIGENKREATIONEN

Sie wollen Ihr Lieblingsrezept mit dem Thermomix zubereiten? Trauen Sie sich! Mit ein paar Grundregeln und der Tabelle von Seite 228/229 gelingt das ganz leicht.

ARBEITSSCHRITTE OPTIMIEREN

Beginnen Sie mit den Zutaten, für die der Mixtopf trocken sein sollte. Und zerkleinern Sie erst festere Zutaten, bevor Sie Flüssigkeit dazugeben. Für Suppen oder Pürees kommen die festen Zutaten gleich mit Flüssigkeit in den Topf und alles wird nach dem Garen püriert. Oft ist es aber dennoch sinnvoll, Gemüse oder Obst vorher etwas zu zerkleinern.

Außerdem mixen Sie möglichst alles, was einen kalten Mixtopf erfordert, vor Verwendung der Heizfunktion. Notfalls den warmen Mixtopf kalt ausspülen oder 3 Eiswürfel darin 3 Sek./Stufe 6 crushen.

ARBEITSSCHRITTE SPAREN

Mit dem Thermomix können Sie Arbeitsschritte sparen und viele Zutaten auf einmal verrühren. Das Rühren im Topf übernimmt die Maschine, die Sanftrührstufe entspricht dabei dem gelegentlichen Umrühren im Kochtopf. Auch das vorherige Wiegen der Zutaten können Sie sich weitgehend sparen und diese stattdessen mit der integrierten Waage bequem nacheinander in den Mixtopf einwiegen.

AN DIE ZEIT HERANTASTEN

Bei fehlenden Zeitangaben tasten Sie sich beim Hacken, Rühren und Garen nach und nach an das gewünschte Ergebnis heran. Je nach Konsistenz und gewählter Stufe hackt das Gerät die Zutaten in Sekundenschnelle sehr klein bis hin zum Brei. Sollen sehr weiche Zutaten stückig bleiben, schneiden Sie diese besser mit dem Messer von Hand. Das gilt auch für das Zuschneiden von Streifen, Ringen, Würfeln oder Röllchen.

Wenn in der Varoma-Funktion nach 5–7 Min. (je nach Flüssigkeit im Mixtopf auch länger) die Temperatur von 100° erreicht ist, beginnt

Knackfrische Lieferung für den Wundertopf!

im Varoma-Behälter das eigentliche Blanchieren und Dampfgaren. Häufig sind in Rezepten die Gar- und Blanchierzeit ab diesem Zeitpunkt genant und können als Orientierung dienen. Dies gilt auch für die Wahl der Kochzeit im Mixtopf.

PERFEKT MIXEN

Damit das Gerät keinen Schaden nimmt und während des Betriebs nichts herausspritzt, sollten Sie den Topf nie über die maximale Füllmenge von 2,2 l (beim TM 31 2,0 l) beladen und nie mehr als 400 g Gefrorenes auf einmal zerkleinern. Bei Getreide gilt: maximal 300 g auf einmal mahlen, besser 200–250 g. Sehr kleine Mengen verarbeitet der Thermomix nicht – diese deshalb mit anderen Zutaten mixen.

Je gleichmäßiger Sie das Mixgut zuschneiden (maximal 5 cm groß), umso gleichmäßiger das Mixergebnis. Schokolade, Käse, Schinken und Fleisch werden feiner und krümeliger, wenn sie angefroren sind.

DIE RICHTIGE DREHZAHLSTUFE

Weiche Zutaten zerkleinert der Thermomix schon bei Stufe 3–4, festere erst ab Stufe 4 – je höher die Stufe und je länger die Zeit, umso feiner das Ergebnis.

Soll nur gerührt werden, wählen Sie eine niedrige Drehzahlstufe bis 3, arbeiten mit möglichst viel Flüssigkeit und zusätzlich mit dem Linkslauf.

Je höher die Drehzahl, umso mehr Mixgut wird an den Rand des Mixtopfs geschleudert und bleibt bei feuchten Zutaten dort kleben. Mit dem Spatel können Sie dieses dann wieder nach unten schieben.

Erhitzen und gleichzeitig mit der Teigstufe kneten ist nicht möglich. Für Hefeteig deshalb erst einige Zutaten anwärmen und dann mit der Teigstufe den Rest unterkneten.

Beim Pürieren von heißem Mixgut immer stufenweise ansteigend bis Stufe 8 oder 10 schalten, damit nichts aus dem Topf herausspritzt.

Volle Kraft voraus!

Piep, piep, piep – guten Appetit!

ZIEL

TRICKS FÜR GUTES GELINGEN

Bevor's losgeht, lesen Sie aufmerksam die Gebrauchsanweisung Ihres Thermomix.
Hier schon mal die besten Tipps im Überblick!

WIEGEFEHLER VERMEIDEN

Damit der Thermomix einwandfrei wiegt, sollte er eben und auf sauberen Füßchen stehen. Generell zeigt die Waage das aktuelle Gewicht erst 2–3 Sekunden nach Zuwiegen an. Probleme kann es geben, wenn Zutaten ganz langsam und in sehr kleinen Mengen dazukommen oder das Gerät während des Wiegens verschoben wird. Passiert mit der Waage länger als 15 Minuten nichts, schaltet sie ohne zu speichern ab.

WELCHE STUFE WOFÜR?

Die Sanftrührstufe und die Stufen 1–3 sind zum Rühren. Wichtig bei Verwendung des Rühraufsatzes:die Zutaten dürfen ihn nicht blockieren. Weiches wie Klößchen wird auch bei niedriger Drehzahl und Linkslauf beschädigt, es gelingt besser im Gareinsatz oder Kochtopf. Mit den Stufen 1–4 kneten Sie weiche Mür-beteige, festere Teige gelingen mit Intervallkneten im Teigmodus.
Die Stufen 4–10 und der Turbomodus hacken und pürieren. Wählen Sie diese Stufen langsam an, damit nichts aus dem Topf spritzt. Den Turbomodus können Sie auch in Intervallen anwenden, bei Temperaturen von über 60° im Mixtopf lässt er sich jedoch nicht nutzen. (Beim TM 31 funktioniert der Turbomodus auch bei Temperaturen über 60°.)

ERHITZEN, ABER RICHTIG!

Das Gerät heizt nur mit Zeitvorwahl, maximal 99 Min. (beim TM 31 maximal 60 Min.) und nur bis Stufe 6. In den Stufen 2–3 steigt die Temperatur langsamer als in den übrigen Stufen. Der verzögerte Anlauf des Geräts bei über 60° im Topf (Spritzschutz) funktioniert nur, wenn das

ACHTUNG LAUT

Bei so viel Power wird's ab und zu mal laut!

Mixgut im Gerät erhitzt und nicht schon heiß eingefüllt wurde. Zur Sicherheit sollten Sie bei heißem Mixgut stets stufenweise ansteigend arbeiten. Zum Dünsten in Fett wählen Sie am besten 120° (beim TM 31 »Varoma«), in Wasser 100°. Die Varoma-Stufe ist für das Dampfgaren im Varoma-Behälter und im Gareinsatz sowie zum Reduzieren von Flüssigkeiten gedacht.

PERFEKT DAMPFGAREN

Je 15 Min. Dampfgaren müssen mindestens 250 g Flüssigkeit in den Topf, gegart wird in den Stufen 1–3 oder der Sanftrührstufe. Wenn Sie im Varoma-Behälter dampfgaren, können Sie im Topf darunter Suppe oder Sauce kochen. Angedickt wird erst, wenn im Varoma-Behälter fertig gegart ist. Wichtig: Den Deckel so öffnen, dass der heiße Dampf von Ihnen weg entweicht.

HOT

Deckel nicht vergessen!

HINWEISE ZU DEN REZEPTEN

Die Mengen sind so angegeben, wie sie eingekauft werden, z. B. Gemüse immer ungeputzt. Da das Gerät nur in 5–10-g-Schritten wiegt, gibt es auch in den Rezepten keine klei-neren Gewichtsangaben. Gewürze sind in Teelöffel (TL), Messerspitze (Msp.) oder Prise angegeben. Steht nichts anderes im Rezept, wurde kalte Butter verwendet. Gemüse und Obst können in ihrer Konsistenz stark variieren, die Angaben gelten für eine Durchschnittskonsistenz. Beim Hacken von hartem Mixgut wie Nüssen finden Sie den Hinweis »Achtung laut!«. Dann sollten Sie vom Gerät weggehen oder einen Gehörschutz (Baumarkt) tragen. Das

Spülen des Topfs zwischen den Arbeitsgängen ist nicht nötig, außer es ist explizit angegeben.

Den Messbecher im Deckel sollten Sie immer einsetzen, außer bei Verwendung des Varoma-Behälters oder anderer Angabe. Den Rühraufsatz hingegen verwenden Sie nur, wenn es im Rezept steht.

ARBEITEN MIT DEM TM 31

Die Rezepte sind mit dem Vorgänger TM 31 kompatibel. Beachten Sie aber, dass in den Topf des TM 31 maximal 2 l passen, also 200 ml weniger als in den TM 5 – achten Sie vor allem bei Suppen, One Pots und Hefeteig darauf. Außerdem hat der TM 31 keine Zwischenstufen: Ist Stufe 3,5 angegeben, dann wählen Sie Stufe 3 oder 4. Und: Wenn als Temperatur 120° angegeben ist, müssen Sie beim TM 31 »Varoma« wählen.

Schaut ja aus wie ein Schmetterling ...

Pfiffige Aufstriche,

DIPS

& Snacks

Rote
LINSENPASTE
mit Pilzen

FÜR 2 TWIST-OFF-GLÄSER À 175 ML (10 PORTIONEN)
1 Stück Ingwer (2 cm lang) | 1 Zwiebel | 1 große Möhre |
½ rote Paprika | 20 g Rapsöl (2 EL) | 5 g Instant-
Gemüsebrühe | 100 g rote Linsen | 4 große weiße
Champignons (ca. 60 g) | Saft von ½ Zitrone |
1 Msp. gemahlener Kreuzkümmel | 15 g TK-Dill |
Salz | Pfeffer
Zubereitung: 20 Min.
Pro Portion ca. 65 kcal, 3 g EW, 2 g F, 8 g KH

1 Ingwer schälen, grob schneiden und im Mixtopf
3 Sek./Stufe 8 hacken. Zwiebel schälen und halbieren.
Möhre schälen und in 2 cm lange Stücke schneiden.
Paprika putzen, waschen und in 3 cm große Stücke
schneiden. Zwiebel, Möhre und Paprika in den Mixtopf geben und 2 Sek./Stufe 5 hacken, dann nach
unten schieben, 10 g Öl (1 EL) dazugeben und alles
4 Min./120°/Stufe 1 dünsten. Brühe, 200 g Wasser und
Linsen hinzufügen. 15 Min./100°/Stufe 3 weitergaren.

2 Inzwischen Champignons putzen, bei Bedarf mit
einem Tuch abreiben und dann fein würfeln. Restliches Öl in einer Pfanne erhitzen und die Pilze darin
offen bei mittlerer Hitze ca. 5 Min. dünsten.

3 Zitronensaft, Kreuzkümmel, Dill, 1 TL Salz und
1 Msp. Pfeffer zum Gemüse in den Mixtopf geben
und 5 Sek./Stufe 5 unterrühren. Pilze dazugeben
und 3 Sek./Linkslauf/Stufe 2 untermischen. Paste in
Twist-off-Gläser füllen und verschließen. Im Kühlschrank aufbewahrt ist sie 1–2 Wochen haltbar. Passt
zu Nachos, in Wraps und als Dip für Gemüse.

Klassisch orientalischer
HUMMUS

FÜR 2 TWIST-OFF-GLÄSER À 175 ML (10 PORTIONEN)
1 Dose Kichererbsen (260 g Abtropfgewicht) |
1 Knoblauchzehe | ½ Bund glatte Petersilie | 1 Stängel
Minze (nach Belieben) | 1 Bio-Zitrone | 40 g Tahin
(Sesampaste, z. B. aus dem Bioladen) | 10 g Olivenöl
(1 EL) | ½ TL gemahlener Kreuzkümmel | Salz | Pfeffer
Zubereitung: 10 Min.
Pro Portion ca. 50 kcal, 2 g EW, 4 g F, 3 g KH

1 Kichererbsen in den Gareinsatz abgießen, abbrausen und abtropfen lassen. Knoblauch schälen. Kräuter
waschen und gut trocken tupfen. Zitrone waschen,
trocken reiben und halbieren. Saft einer Hälfte auspressen. Für die Deko einige Blättchen Petersilie und
1 EL Kichererbsen beiseitestellen.

2 Restliche Kräuter mit Knoblauch im Mixtopf 3 Sek./
Stufe 8 hacken. Restliche Kichererbsen, Zitronensaft,
Tahin, Öl, Kreuzkümmel, ½ TL Salz und 1 Msp. Pfeffer
dazugeben. Alles 10 Sek./Stufe 6 pürieren. Mixgut mit
dem Spatel am Topfrand nach unten schieben. Nach
Belieben löffelweise bis zu 40 g Wasser unterrühren,
bis eine cremige Paste entstanden ist.

3 Zweite Zitronenhälfte in dünne Spalten schneiden.
Hummus mit Zitronenspalten, Petersilienblättchen
und Kichererbsen anrichten. Oder ohne Deko in Gläser füllen und verschließen. Im Kühlschrank aufbewahrt ist Hummus ca. 1 Woche haltbar. Er eignet sich
als Dip, Füllung für Wraps (s. S. 43) und Aufstrich.

WALNUSSPASTE
mit Frischkäse

FÜR 2 TWIST-OFF-GLÄSER À 150 ML (10 PORTIONEN)

4 Zweige Majoran (ersatzweise ½ TL getrockneter
Majoran) | 4 Zweige Thymian (ersatzweise
¼ TL getrockneter Thymian) | 40 g Walnusskerne |
2 Zwiebeln | 2 Knoblauchzehen | 5 g Rapsöl (1 TL) |
Salz | Pfeffer | 200 g körniger Frischkäse
Zubereitung: 10 Min. + 10 Min. Abkühlen
Pro Portion ca. 50 kcal, 3 g EW, 4 g F, 1 g KH

1 Kräuter waschen und gut trocken tupfen. Die Blättchen abzupfen und mit den Walnusskernen im Mixtopf 8 Sek./Stufe 7 hacken. In eine Schüssel umfüllen.

2 Zwiebeln schälen und halbieren. Knoblauch schälen. Zwiebeln und Knoblauch im Mixtopf 5 Sek./Stufe 5 hacken. Mixgut mit dem Spatel am Topfrand nach unten schieben. Das Öl hinzufügen und alles 3 Min./120°/Stufe 1 dünsten.

3 Die Walnussmischung, je 1 Msp. Salz und Pfeffer hinzufügen und alles 2 Min./120°/Stufe 2 dünsten. Mixtopf aus dem Gerät nehmen und die Masse darin mindestens 10 Min. abkühlen lassen. Frischkäse hinzufügen und 8 Sek./Stufe 3 unterrühren. Die Paste in Gläser füllen und verschließen. Im Kühlschrank aufbewahrt ist sie ca. 1 Woche haltbar. Lecker als Brotaufstrich und Dip zu Ofenkartoffeln.

TIPP

Wer die Paste ganz fein und cremig haben will, püriert sie zum Schluss noch 15 Sek./Stufe 7.

SCHINKENPASTE
mit Petersilie

FÜR 1 TWIST-OFF-GLAS VON 250 ML (8 PORTIONEN)

50 g roher geräucherter Schinken (am Stück;
ersatzweise Schinkenwürfel aus dem Kühlregal) |
1 Bund krause Petersilie | 30 g Parmesan |
½ Zwiebel | 1 Knoblauchzehe | 10 g Rapsöl (1 EL) |
15 g Semmelbrösel | 15 g Tomatenmark (1 EL) |
60 g Crème fraîche
Zubereitung: 10 Min. + 4 Std. Tiefkühlen
Pro Portion ca. 70 kcal, 3 g EW, 6 g F, 2 g KH

1 Den Schinken falls nötig von Schwarte und Knorpeln befreien, in 3 cm große Stücke schneiden und mindestens 4 Std. tiefkühlen.

2 Petersilie waschen, gut trocken tupfen und im Mixtopf 3 Sek./Stufe 8 hacken. Parmesan in 2 cm große Stücke schneiden, dazugeben und alles 10 Sek./Stufe 10 hacken. Parmesan-Petersilien-Mischung in eine Schüssel umfüllen.

3 Schinken im Mixtopf 5 Sek./Stufe 8 hacken. Zwiebel und Knoblauch schälen, beides zum Schinken in den Mixtopf geben und alles 3 Sek./Stufe 5 hacken. Mixgut mit dem Spatel am Topfrand nach unten schieben. Das Öl hinzufügen und alles 5 Min./120°/Stufe 1 dünsten.

4 Parmesanmischung, Semmelbrösel, Tomatenmark und Crème fraîche 6 Sek./Stufe 4 unterrühren. Paste in ein Twist-off-Glas füllen und verschließen. Im Kühlschrank aufbewahrt ist sie ca. 1 Woche haltbar. Passt gut als herzhafter Brotaufstrich und zu Nudeln.

Parmesan ist ein echter Kalzium-Knüller!

Mediterrane SCHAFSKÄSE-Creme

FÜR 4 PERSONEN

1 Knoblauchzehe (nach Belieben) | 15 g Rucola |
10 g Walnusskerne | 3 Kirschtomaten |
100 g Schafskäse (Feta) | 5 g Tomatenmark (1 TL) |
½ TL getrockneter Oregano | ½ TL getrocknetes
Basilikum | weißer Pfeffer | edelsüßes Paprikapulver

Zubereitung: 10 Min.
Pro Portion ca. 75 kcal, 5 g EW, 6 g F, 1 g KH

1 Nach Belieben Knoblauch schälen und im Mixtopf
5 Sek./Stufe 8 hacken. Rucola verlesen, waschen, trocken
schleudern und in ca. 3 cm lange Stücke schneiden.
Mit den Walnüssen in den Mixtopf geben und
alles 7 Sek./Stufe 4 hacken.

2 Die Tomaten waschen. 2 Tomaten vierteln, in den
Mixtopf geben und alles 5 Sek./Stufe 4 weiterhacken.
Schafskäse, Tomatenmark, Oregano, Basilikum sowie
je 1 Msp. Pfeffer und Paprikapulver 2 Sek./Stufe 4 unterrühren. Creme in eine Schüssel umfüllen.

3 Übrige Tomate vierteln. Rucola-Schafskäse-Creme
mit den Tomatenvierteln dekorieren. Gut abgedeckt
und im Kühlschrank aufbewahrt ist die Paste ca. 1 Woche haltbar. Sie eignet sich als vegetarischer Aufstrich,
aber auch als Dip zu Kartoffeln oder Nudeln.

BÄRLAUCHPESTO mit Mandeln

FÜR 4 PERSONEN

60 g Parmesan | 30 g Mandeln | 20 g Bärlauch |
1 Knoblauchzehe | 60 g Olivenöl | Salz | Pfeffer

Zubereitung: 10 Min.
Pro Portion ca. 235 kcal, 7 g EW, 23 g F, 1 g KH

1 Den Parmesan in 2 cm große Stücke schneiden
und mit den Mandeln im Mixtopf 10 Sek./Stufe 8
hacken (Achtung laut!). Die Parmesan-Mandel-Mischung in eine Schüssel umfüllen.

2 Den Bärlauch waschen und trocken schleudern,
grobe Stiele entfernen. Bärlauch in 3 cm breite Streifen
schneiden. Knoblauch schälen. Bärlauch, Knoblauch
und Olivenöl im Mixtopf 5 Sek./Stufe 8 hacken.

3 Das Mixgut mit dem Spatel am Topfrand nach unten schieben. Parmesan-Mandel-Mischung dazugeben
und 7 Sek./Stufe 4 unterrühren. Nach Belieben mit je
1 Msp. Salz und Pfeffer würzen. Gut zugedeckt und im
Kühlschrank aufbewahrt ist das Pesto ca. 4 Tage haltbar. Es passt gut zu Nudeln.

TIPP

Wer ein cremigeres Pesto bevorzugt, hackt es zum
Schluss noch weitere 10 Sek./Stufe 4.

LAGERFEUER-HITS

Heißes Brot mit Dip nach Wahl

STOCKBROT
FÜR 10 STÜCK

250 g Wasser, 10 g Olivenöl (1 EL), 1 Prise Zucker und 1 Würfel Hefe (42 g) im Mixtopf 3 Min./37°/Stufe 2 erwärmen. 500 g Mehl und 1 TL Salz 2 Min./Teigstufe unterkneten. Teig im Mixtopf (im Grundgerät) zugedeckt 30 Min. gehen lassen. Dann in 10 Stücke schneiden, mit den Händen zu ca. 1 cm dicken Teigsträngen ausziehen, spiralförmig um die Spitze von abgeschälten, sauberen Holzstöcken wickeln und andrücken. Beim Grillen oder am Lagerfeuer über glühende Kohle halten und häufig drehen, bis das Brot goldbraun gebacken ist.

Zubereitung: 10 Min. + 30 Min. Gehen
+ 20 Min. Backen
Pro Portion ca. 180 kcal, 6 g EW, 2 g F, 36 g KH

SCHNELLE KRÄUTERBUTTER
FÜR 10 PERSONEN

250 g Butter in dicken Scheiben mit ½ TL Salz, 1 Msp. Pfeffer und 15 g italienischen TK-Kräutern im Mixtopf 15 Sek./Stufe 4 krümelig kneten. Passt nicht nur sehr gut zum Stockbrot, sondern genauso gut auch zu Pell- oder Ofenkartoffeln.

Zubereitung: 5 Min.
Pro Portion ca. 190 kcal, 0 g EW, 21 g F, 0 g KH

GUACAMOLE
FÜR 4 PERSONEN

1 Knoblauchzehe schälen. ½ Bund glatte Petersilie waschen und trocken tupfen, Blätter abzupfen. Beides zusammen im Mixtopf 3 Sek./Stufe 8 hacken. Mit dem Spatel nach unten schieben. 2 Avocados halbieren, entsteinen. Fruchtfleisch herauslösen, mit 3 TL Limettensaft sowie nach Belieben 1 Prise Cayennepfeffer in den Mixtopf geben und 10 Sek./Stufe 4 rühren. 1 Tomate waschen, ohne Stielansatz fein würfeln und mit ½ TL Salz und 1 Msp. Pfeffer 3 Sek./Linkslauf / Sanftrührstufe unterrühren.

Zubereitung: 10 Min.
Pro Portion ca. 255 kcal, 2 g EW, 27 g F, 1 g KH

SCHNITTLAUCH-DIP
FÜR 4 PERSONEN

1 rote Zwiebel schälen, halbieren und im Mixtopf 10 Sek./Stufe 5 hacken. Mit dem Spatel nach unten schieben. 1 Bund Schnittlauch waschen, trocken tupfen, in feine Röllchen schneiden und dazugeben. 200 g Schmand, ½ TL gemahlenen Kreuzkümmel, 1 Msp. Pfeffer und ½ TL Salz hinzufügen und alles 5 Sek./Stufe 2 verrühren. Passt auch zu Kartoffeln.

Zubereitung: 10 Min.
Pro Portion ca. 125 kcal, 2 g EW, 12 g F, 2 g KH

Wunderbar vielfältig einsetzbar: Die Guacamole und der Schnittlauch-Dip eignen sich auch prima zum Bestreichen von Wraps oder Eintauchen von Crackern und Grissini.

Wraps zum Selberbacken gibt's auf S. 42!

RADIESCHENPASTE
mit Parmesan

FÜR 1 TWIST-OFF-GLAS VON 250 ML (8 PORTIONEN)
1 Bund Radieschen (mit frischem Grün; ca. 12 Stück) | 100 g Mandeln | 120 g Parmesan | 60 g Olivenöl
Zubereitung: 10 Min.
Pro Portion ca. 200 kcal, 8 g EW, 18 g F, 1 g KH

1 Von den Radieschen die Blätter abschneiden. 12 große oder mehr kleine Blätter waschen, trocken schütteln und grob schneiden. Die Radieschen putzen und waschen. 3 Radieschen für die Deko beiseitelegen, die restlichen halbieren.

2 Den Parmesan in 2 cm große Stücke schneiden, mit den Mandeln sowie dem geschnittenen Radieschengrün in den Mixtopf geben und alles 10 Sek./Stufe 8 hacken (Achtung laut!).

3 Das Mixgut mit dem Spatel am Topfrand nach unten schieben. Öl sowie halbierte Radieschen dazugeben und alles 2 Sek./Stufe 5 hacken. Die Paste in eine Schüssel umfüllen.

4 Die Radieschen für die Deko fein würfeln und auf die Paste streuen. Oder die Paste ohne Deko in ein Twist-off-Glas füllen und verschließen. Im Kühlschrank aufbewahrt ist sie ca. 1 Woche haltbar. Passt gut zu Nudeln und Kartoffeln.

Sahniger
KRÄUTERQUARK
mit Speck

FÜR 4 PERSONEN
½ Bund Dill | ½ Bund glatte Petersilie | ½ Bund Basilikum | ½ Bund Zitronenmelisse | ½ Zwiebel | 5 g Olivenöl (1 TL) | 50 g Frühstücksspeck | 250 g Sahnequark | 100 g saure Sahne | 25 g süßer Senf | Salz | Pfeffer
Zubereitung: 10 Min.
Pro Portion ca. 675 kcal, 8 g EW, 23 g F, 6 g KH

1 Die Kräuter waschen, gut trocken tupfen und von den groben Stielen befreien. Im Mixtopf 3 Sek./Stufe 10 hacken und in eine Schüssel umfüllen.

2 Die Zwiebel schälen und im Mixtopf 3 Sek./Stufe 5 hacken. Das Mixgut mit dem Spatel am Topfrand nach unten schieben. Das Öl hinzufügen und alles 3 Min./120°/Stufe 1 dünsten.

3 Den Frühstücksspeck in einer Pfanne bei mittlerer Hitze rundum knusprig und goldbraun braten, zur Zwiebel in den Mixtopf geben und alles weitere 3 Sek./Stufe 5 zerkleinern.

4 Kräuter, Quark, saure Sahne, Senf, ½ TL Salz und 1 Msp. Pfeffer dazugeben. Das Mixgut mit dem Spatel am Topfrand nach unten schieben und 8 Sek./Stufe 4 verrühren. Der Kräuterquark passt gut zu Grillfleisch und zu Kartoffeln.

ohne Speck schmeckt's auch Veggies

Feine ROTE-BETE-CREME

FÜR 4 PERSONEN

1 Bund Frühlingszwiebeln (ca. 130 g) |
1 Knoblauchzehe | 15 g Butter | 400 g Rote Bete (roh) |
5 g Instant-Gemüsebrühe | 3 Stängel Petersilie |
1 TL Zitronensaft | Salz | Pfeffer | 5 g Agaven-
dicksaft (1 TL) | 40 g saure Sahne
Zubereitung: 25 Min.,+ 15 Min. Garen
Pro Portion ca. 105 kcal, 3 g EW, 5 g F, 11 g KH

1 Frühlingszwiebeln putzen und waschen. Vom oberen grünen Teil ein 4 cm langes Stück abschneiden und beiseitelegen, Rest in 3 cm lange Stücke schneiden. Knoblauch schälen und mit den 3 cm langen Zwiebelstücken im Mixtopf 3 Sek./Stufe 8 hacken. Mixgut mit dem Spatel am Topfrand nach unten schieben. Butter hinzufügen und alles 3 Min./120°/Stufe 1 dünsten.

2 Rote Bete schälen, am besten mit Einweghandschuhen. 3 cm groß würfeln, zu den Zwiebeln in den Mixtopf geben und 10 Sek./Stufe 6 hacken. Gemüse 5 Min./120°/Stufe 2 dünsten. Brühe sowie 100 g Wasser hinzufügen und 15 Min./100°/Stufe 2 weitergaren.

3 Beiseitegelegtes Zwiebelgrün in feine Röllchen schneiden. Petersilie waschen und trocken tupfen, Blätter abzupfen und mit einem Messer fein hacken.

4 Rote Bete im Mixtopf 30 Sek./Stufe 3 pürieren (für eine cremigere Konsistenz weitere 15 Sek./Stufe 7). Zitronensaft, ½ TL Salz, 1 Msp. Pfeffer, Agavendicksaft und saure Sahne 10 Sek./Stufe 3 unterrühren. In eine Schüssel füllen und mit Petersilie und Frühlingszwiebeln dekorieren. Im Kühlschrank aufbewahrt ca. 4 Tage haltbar. Passt zu Nudeln und Kartoffeln.

APRIKOSENDIP
mit Crème fraîche

FÜR 4 PERSONEN

½ kleine Zwiebel | ¼ gelbe Paprika |
200 g Zuckeraprikosen (ersatzweise Aprikosen) |
5 g Olivenöl (1 TL) | ½ TL getrockneter Thymian |
15 g mittelscharfer Senf (1 EL) | 60 g Crème fraîche |
5 g Orangensaft (1 TL) | Salz | Pfeffer
Zubereitung: 15 Min.
Pro Portion ca. 90 kcal, 1 g EW, 8 g F, 4 g KH

1 Die Zwiebel schälen und im Mixtopf 10 Sek./Stufe 4 hacken. Die Paprika waschen, putzen, in 3 cm große Stücke schneiden, zur Zwiebel geben und 2 Sek./Stufe 4 alles weiterhacken.

2 Die Aprikosen waschen, halbieren und entsteinen. In den Mixtopf geben und 2 Sek./Stufe 4 hacken. Das Mixgut mit dem Spatel am Topfrand nach unten schieben. Das Öl hinzufügen und alles 5 Min./100°/Linkslauf / Sanftrührstufe dünsten.

3 Getrockneten Thymian, Senf, Crème fraîche, Orangensaft, ½ TL Salz sowie 1 Msp. Pfeffer zur Aprikosenmischung geben und 1 Min./Stufe 1 unterrühren. Den Dip abkühlen lassen. Gut abgedeckt und im Kühlschrank aufbewahrt ist er ca. 3 Tage haltbar. Passt gut zu gegrilltem Fleisch.

Reste? Ab ins Glas
für später!

SÜSSES AUFS BROT
Nicht nur zum Frühstück lecker

HIMBEERFRUCHTAUFSTRICH
FÜR 3 TWIST-OFF-GLÄSER À 300 ML (40 PORTIONEN)

500 g Himbeeren verlesen, waschen. Mit 500 g Gelier-zucker 1:1 im Mixtopf 10 Min./Stufe 6 cremig rühren. Inzwischen Gläser mit kochend heißem Wasser aus-spülen und mit der Öffnung nach unten auf einem sauberen Küchentuch abtropfen lassen, Deckel in Wasser auskochen. Aufstrich in die Gläser füllen und diese verschließen. Im Kühlschrank aufbewahrt bis zu 3 Wochen haltbar, tiefgekühlt ca. 6 Monate. Eig-nen sich gut für Gefüllte Butterplätzchen (s. S. 211).

Zubereitung: 20 Min.
Pro Portion ca. 55 kcal, 0 g EW, 0 g F, 13 g KH

MANDEL-SCHOKO-AUFSTRICH
FÜR 2 TWIST-OFF-GLÄSER À 250 ML (20 PORTIONEN)

120 g Zucker im Mixtopf 10 Sek./Stufe 10 pulverisie-ren. 70 g Mandeln dazugeben und 8 Sek./Stufe 10 hacken (Achtung laut!). 100 g weiße Schokolade (in Stücken) und 120 g Blockschokolade (in Stücken) hin-zufügen und weitere 8 Sek./Stufe 10 hacken. 60 g Sah-ne sowie 80 g Butter in dicken Scheiben dazugeben und 7 Min./50°/Stufe 4 verrühren. In saubere Gläser füllen und diese verschließen. Im Kühlschrank auf-bewahrt bis zu 2 Wochen haltbar. Passt gut zu Crêpes.

Zubereitung: 10 Min.
Pro Portion ca. 140 kcal, 1 g EW, 9 g F, 13 g KH

DATTELAUFSTRICH
FÜR 2 TWIST-OFF-GLÄSER À 125 ML (10 PORTIONEN)

1 Bio-Orange waschen, trocken reiben. Hälfte der Schale mit dem Sparschäler abschälen und im Mix-topf 10 Sek./Stufe 10 pulverisieren. 200 g getrocknete Datteln (entsteint) 20 Sek./Stufe 5 mithacken. Mixgut mit dem Spatel am Topfrand nach unten schieben. Orange schälen, in Stücke schneiden und mit 2 TL Zi-tronensaft, ½ TL Zimtpulver sowie 1 Prise gemahle-nem Anis hinzufügen. 6 Min./90°/Stufe 1 erhitzen, dann 8 Sek./Stufe 6 pürieren. In saubere Gläser füllen und diese verschließen. Im Kühlschrank aufbewahrt bis zu 2 Wochen haltbar.

Zubereitung: 15 Min.
Pro Portion ca. 60 kcal, 1 g EW, 0 g F, 14 g KH

CASHEW-SCHOKO-AUFSTRICH
FÜR 1 TWIST-OFF-GLAS VON 200 ML (10 PORTIONEN)

100 g Cashewkerne mit 20 g getrockneten Cranberrys im Mixtopf 5 Sek./Stufe 10 hacken, für einen cremi-geren Aufstrich bis zu 20 Sek./Stufe 10. 40 g Honig, 50 g Butter in Scheiben sowie 10 g Kakaopulver dazu-geben und alles 40 Sek./Stufe 10 verrühren.

Zubereitung: 5 Min.
Pro Portion ca. 120 kcal, 2 g EW, 9 g F, 8 g KH

Mit unseren selbst gemachten Süßen startet die ganze Familie energie-
geladen in den Tag. Und Nüsse und Früchte bringen gleich noch eine ordentliche
Portion wertvoller Vitamine und Mineralstoffe mit!

Leckerschmecker
zu Waffeln.

BRATAPFEL-
konfitüre mit Mandeln

FÜR 3 TWIST-OFF-GLÄSER À 200 ML (40 PORTIONEN)
750 g säuerliche Äpfel (z. B. Boskop) | Saft von
½ Zitrone | 2 EL Mandelblättchen | 150 g Apfelsaft |
1 Pck. Vanillezucker | 1 Msp. Zimtpulver |
250 g Gelierzucker 2:1
Zubereitung: 30 Min. + 25 Min. Backen
Pro Portion ca. 40 kcal, 0 g EW, 0 g F, 8 g KH

1 Backofen auf 200° vorheizen. Äpfel waschen und
vierteln, Kerngehäuse entfernen. Äpfel mit Schale in
Achtel schneiden und in eine flache Auflaufform legen. Mit Zitronensaft beträufeln, mit Mandelblättchen
bestreuen und im Ofen (Mitte) ca. 25 Min. backen.

2 Inzwischen die Gläser mit kochend heißem Wasser
ausspülen und mit der Öffnung nach unten auf einem
Küchentuch abtropfen lassen, die Deckel in einem
Topf mit Wasser auskochen.

3 Apfelmasse mit Apfelsaft, Vanillezucker, Zimt und
Gelierzucker im Mixtopf 14 Min./100°/Stufe 1 kochen.
Fruchtmasse 1 Sek./Stufe 5 pürieren. Sofort heiß in die
Gläser füllen. Gläser verschließen und mit dem Deckel
nach unten auf einem Küchentuch auskühlen lassen.
Kühl und dunkel aufbewahrt ca. 10 Monate haltbar.

TIPP

Für Konfitüre ohne Stücke die Fruchtmasse zum
Schluss im Mixtopf 3 Sek./Stufe 5 pürieren.

JOHANNISBEER-
konfitüre mit Rosmarin

FÜR 4 TWIST-OFF-GLÄSER À 200 ML (40 PORTIONEN)
1 Zweig Rosmarin | 500 g Rote Johannisbeeren |
500 g Gelierzucker 1:1
Zubereitung: 30 Min.
Pro Portion ca. 55 kcal, 0 g EW, 0 g F, 13 g KH

1 Den Rosmarin waschen und trocken tupfen, die
Nadeln abstreifen und mit dem Messer von Hand
fein hacken. Johannisbeeren waschen und abtropfen
lassen, Beeren von den Stielen streifen. Rosmarin und
250 g Johannisbeeren im Mixtopf 3 Sek./Stufe 5 pürieren. Restliche Johannisbeeren sowie Gelierzucker
dazugeben und die Masse 14 Min./100°/Stufe 1 kochen.

2 Inzwischen die Gläser mit kochend heißem Wasser
ausspülen und mit der Öffnung nach unten auf einem
Küchentuch abtropfen lassen, die Deckel in einem
Topf mit Wasser auskochen.

3 Konfitüre heiß in die vorbereiteten Gläser füllen.
Gläser verschließen und mit dem Deckel nach unten
auf einem Küchentuch auskühlen lassen. Kühl und
dunkel aufbewahrt ca. 10 Monate haltbar.

Feigen-
RHABARBER-
Konfitüre

**FÜR 3 TWIST-OFF-GLÄSER
À 400 ML (20 PORTIONEN)**

1 Stück Ingwer (10 g)

125 g getrocknete Feigen

1 kg Rhabarber

250 g Zucker

80 g Orangensaft

6 g Agar-Agar (2 gestrichene TL)

Zubereitung: 20 Min.
+ 8 Std. Durchziehen
Pro Portion ca. 75 kcal,
1 g EW, 0 g F, 17 g KH

1 Den Ingwer schälen, von den Feigen die Stielansätze entfernen. Beides zusammen im Mixtopf 4 Sek./Stufe 7 hacken. Den Rhabarber putzen, waschen und die Haut abziehen. Die Stangen in ½ cm dicke Scheiben schneiden und in eine Schüssel geben. Ingwer, Feigen, Zucker und Orangensaft untermischen. Die Masse zugedeckt bei Zimmertemperatur mindestens 8 Std. durchziehen lassen.

2 Die Rhabarber-Feigen-Mischung mit Agar-Agar im Mixtopf 15 Min./100°/Stufe 1 kochen, dabei statt des Messbechers den Gareinsatz als Spritzschutz auf die Öffnung des Mixtopfdeckels stellen.

3 Inzwischen die Twist-off-Gläser mit kochend heißem Wasser ausspülen und mit der Öffnung nach unten auf einem Küchentuch abtropfen lassen, die Deckel in einem Topf mit Wasser auskochen.

4 Die Konfitüre sofort heiß in die vorbereiteten Gläser füllen. Die Gläser verschließen und mit dem Deckel nach unten auf einem Küchentuch auskühlen lassen. Die Konfitüre hält sich kühl und dunkel aufbewahrt ca. 4 Monate.

INFO

Agar-Agar ist ein pflanzliches Geliermittel, das aus Algen gewonnen wird. Sie erhalten es problemlos in Bioläden, immer häufiger jedoch auch im Supermarkt.

Die Feigen machen's
schön süß!

die perfekte
Pausenbrotgröße

Grundrezept
SANDWICHBROT
mit Wunschbelag

70 g Butter im Mixtopf 3 Min./50°/ Stufe 1 zerlassen. **310 g Milch**, **1 Würfel Hefe (42 g)** sowie **30 g Zucker** hinzufügen und 3 Min./37°/Stufe 1 anwärmen. **500 g Mehl**, **50 g Dinkelvollkornmehl** und **2 TL Salz** 5 Min./ Teigstufe unterkneten. Im Gerät zugedeckt 1 Std. gehen lassen. Teig nach unten schieben, dann 2 Min./Teigstufe kneten. In eine gefettete Kastenform (30 cm Länge) füllen, mit einem feuchten Tuch zugedeckt 30 Min. gehen lassen. Backofen auf 180° vorheizen. Brot im Ofen (Mitte) ca. 30 Min. backen. Aus der Form lösen und auf einem Gitter auskühlen lassen. In ca. 1 cm dicke Scheiben schneiden, je 1 Scheibe bestreichen und eine zweite Scheibe darauflegen.

Frischkäse-Sandwiches

100 g Quark (10 % Fett i.Tr.), 50 g weiche Butter, 30 g griechischen Joghurt und 1 Msp. Salz im Mixtopf 5 Min./70°/Stufe 4 verrühren. Umfüllen, mindestens 50 Min. kalt stellen. 1–2 Feigen waschen, trocken tupfen, in dünne Scheiben schneiden. 4 Scheiben Brot mit Frischkäse bestreichen, mit je 1 Scheibe gebratenem Frühstücksspeck und Feigen belegen.

Tomaten-Mozzarella-Sandwiches

3 Stängel Basilikum waschen, gut trocken tupfen, im Mixtopf 3 Sek./Stufe 8 hacken. Nach unten schieben. 125 g Butter in Scheiben sowie 15 g Tomatenmark (1 EL) hinzufügen, in 15 Sek./Stufe 4 krümelig kneten. 4 Scheiben Brot mit Creme bestreichen, mit Mozzarellascheiben belegen.

Schoko-Nuss-Sandwiches

100 g Studentenfutter und 50 g Blockschokolade im Mixtopf 15 Sek./ Stufe 10 hacken (Achtung laut!). 40 g Sahne hinzufügen. 5 Min./50°/ Stufe 4 schmelzen. 4 Scheiben Brot damit bestreichen. Nach Belieben mit Obstscheibchen belegen.

Avocado-Mandel-Sandwiches

1 Avocado halbieren, entsteinen, schälen, in grobe Stücke schneiden. Mit 30 g Mandelmus, 5 g Zitronensaft (1 TL), je 1 Msp. Salz und Pfeffer im Mixtopf zweimal 3 Sek./Stufe 6 verrühren. Zwischendurch nach unten schieben. 4 Scheiben Brot mit Creme bestreichen. Mit je 1 TL Mandelstiften und nach Belieben Tomatenscheiben belegen.

Gefüllte
KÄSERÖLLCHEN

FÜR 32 STÜCK

12 Radieschen | ½ Bund Schnittlauch | 1 Msp. getrocknetes Basilikum | 1 Msp. getrockneter Majoran | 1 Msp. getrockneter Thymian | 200 g Frischkäse (Doppelrahmstufe) | Salz | Pfeffer | 3 hart gekochte Eier | 8 rechteckige Scheiben Gouda (ca. 300 g) | 20 Cracker | 12 runde Scheiben Party-Pumpernickel (ca. 125 g) | 16 schwarze Oliven
Zubereitung: 30 Min. + 8 Std. Kühlen
Pro Portion ca. 80 kcal, 4 g EW, 5 g F, 4 g KH

1 Radieschen putzen und waschen. 8 Radieschen halbieren und im Mixtopf 2 Sek./Stufe 5 hacken. Mit dem Spatel am Topfrand nach unten schieben. Schnittlauch waschen und gut trocken tupfen, einige Halme beiseitelegen. Restlichen Schnittlauch in feine Röllchen schneiden und mit Basilikum, Majoran, Thymian, Frischkäse, ½ TL Salz und 1 Msp. Pfeffer in den Mixtopf geben. 10 Sek./Linkslauf/ Stufe 2 verrühren.

2 Die Eier schälen, fein würfeln und 2 Sek./Linkslauf/ Stufe 2,5 unterrühren. Falls nötig, Käsescheiben entrinden. Die Creme auf Käsescheiben verteilen, dabei an den Rändern rundum 1 cm frei lassen. Käse von der schmalen Seite aufrollen. Rollen im Kühlschrank 8 Std. fest werden lassen.

3 Rollen jeweils in 4 kurze Röllchen schneiden. 12 Röllchen mit der Schnittfläche auf Pumpernickel-scheiben setzen, die übrigen 20 auf Cracker. Restliche Radieschen in feine Scheiben schneiden und 16 Röllchen damit dekorieren. Übrige Röllchen mit jeweils 1 Olive dekorieren. Beiseitegelegten Schnittlauch in 3–4 cm lange Stücke schneiden und daraufstreuen.

SPITZPAPRIKA
mit Käse-Zweierlei

FÜR 4 PERSONEN

1 Bund Schnittlauch | 5 Zweige Oregano (ersatzweise 2 TL getrockneter Oregano) | 100 g Schafskäse (Feta) | 400 g körniger Frischkäse | 10 g Olivenöl (1 EL) | Salz | Pfeffer | 4 rote Spitzpaprika (ca. 500 g)
Zubereitung: 10 Min.
Pro Portion ca. 175 kcal, 17 g EW, 9 g F, 6 g KH

1 Den Schnittlauch waschen, trocken tupfen und in feine Röllchen schneiden. Den Oregano waschen und gut trocken tupfen. Die Blättchen in den Mixtopf streifen und 5 Sek./Stufe 10 hacken.

2 Schafskäse in groben Stücken, Frischkäse, Öl, je 1 Msp. Salz und Pfeffer hinzufügen. 1 EL Schnittlauchröllchen für die Deko beiseitestellen. Restliche Röllchen zur Käsemischung in den Mixtopf geben und alles 15 Sek./Linkslauf/ Stufe 3 verrühren.

3 Die Paprika längs halbieren, weiße Trennwände und Kerne entfernen. Die Hälften waschen, mit Creme füllen und mit Schnittlauchröllchen bestreuen.

TIPP

Falls Sie eine feinere, cremigere Füllung wünschen, pürieren Sie die Käsemischung zunächst ohne Schnittlauch 15 Sek./Stufe 7.

Gratinierte ZUCCHINITALER
mit Nuss-Käse

FÜR 4 PERSONEN
2 Zucchini (ca. 500 g) | ½ Bund glatte Petersilie |
70 g Haselnusskerne | 70 g Bergkäse |
70 g Blauschimmelkäse (z. B. Gorgonzola) |
70 g Frischkäse (Doppelrahmstufe) | ½ TL edelsüßes
Paprikapulver | Salz | Pfeffer
Zubereitung: 15 Min. + 15 Min. Gratinieren
Pro Portion ca. 310 kcal, 13 g EW, 26 g F, 5 g KH

1 Den Backofen auf 180° vorheizen. Ein Backblech mit Backpapier belegen. Zucchini putzen, waschen und schräg in ca. 1 cm dicke Scheiben schneiden. Die Scheiben auf das Backpapier legen.

2 Die Petersilie waschen, gut trocken tupfen und im Mixtopf 3 Sek./Stufe 8 hacken. Die Haselnusskerne dazugeben und 8 Sek./Stufe 7 hacken (Achtung laut!). Den Bergkäse in 3 cm große Stücke schneiden und 2 Sek./Stufe 8 mithacken.

3 Das Mixgut mit dem Spatel am Topfrand nach unten schieben. Blauschimmelkäse grob würfeln und mit Frischkäse, Paprikapulver sowie je 1 Msp. Salz und Pfeffer in den Mixtopf geben. Alles 10 Sek./Stufe 4 verrühren. Die Creme gleichmäßig auf den Zucchinischeiben verteilen. Zucchini im Ofen (Mitte) in ca. 15 Min. goldgelb gratinieren. 5 Min. abkühlen lassen und warm servieren.

GURKENHÄPPCHEN
mit Frischkäsecreme

FÜR 4 PERSONEN
½ Bund Dill (ersatzweise TK-Dill) |
½ gelbe Paprika | 150 g Frischkäse
(Doppelrahmstufe) | Pfeffer |
Salz (nach Belieben) | 1 Salatgurke |
rosa Pfeffer (nach Belieben)
Zubereitung: 10 Min.
Pro Portion ca. 115 kcal, 3 g EW, 10 g F, 4 g KH

1 Den Dill waschen und gut trocken tupfen, grobe Stiele entfernen. 1 Stängel beiseitelegen, restlichen Dill im Mixtopf 3 Sek./Stufe 10 hacken. Die Paprika längs halbieren, weiße Trennwände und Kerne entfernen. Die Hälften waschen und in 3 cm große Stücke schneiden. In den Mixtopf geben und 5 Sek./Stufe 4 hacken.

2 Mixgut mit dem Spatel am Topfrand nach unten schieben. Frischkäse, 1 Msp. Pfeffer und nach Belieben ½ TL Salz hinzufügen und 5 Sek./Stufe 3 unterrühren.

3 Gurke waschen und schräg in dünne Scheiben schneiden. Auf jede Gurkenscheibe mit zwei Teelöffeln je 1 TL Frischkäsecreme geben. Mit dem restlichen Dill garnieren und nach Belieben mit zerstoßenem rosa Pfeffer bestreuen.

Mutprobe: mit rosa
Pfeffer wird's extra scharf

SAFTIGE WRAPS
Liegen gut gewickelt in der Hand

SELBST GEBACKENE FLADEN
FÜR 4 STÜCK

160 g Mehl, 1 TL Salz, 80 g warmes Wasser und 5 g Rapsöl (1 TL) im Mixtopf 5 Min./Teigstufe verkneten, zwischendurch mit dem Spatel am Topfrand nach unten schieben. Teig vierteln. Stücke auf der bemehlten Arbeitsfläche rund (24 cm Ø) ausrollen. Fladen nacheinander in einer Pfanne ohne Fett bei mittlerer Hitze 1–2 Min. pro Seite backen. Fertige Wraps auf einem Teller stapeln und mit einem feuchten Tuch abdecken.

Zubereitung: 25 Min.
Pro Stück ca. 145 kcal, 4 g EW, 2 g F, 28 g KH

HUMMUS-SPINAT-FÜLLUNG
FÜR 8 PERSONEN

8 EL Hummus (s. S. 18) auf 4 Wraps streichen. 4 EL Paprikachips daraufbröseln. 20 junge Spinatblätter putzen, waschen und trocken schleudern. 12 Kirschtomaten waschen und halbieren. Wraps jeweils mit 5 Spinatblättern und 6 Kirschtomatenhälften belegen. Fladen seitlich über der Füllung bis zur Mitte einklappen und aufrollen. Wraps mit Zahnstochern fixieren und halbieren. Warm oder kalt verzehren.

Zubereitung: 10 Min.
Pro Portion ca. 110 kcal, 3 g EW, 3 g F, 17 g KH

SCHINKEN-TOMATEN-CREME
FÜR 8 PERSONEN

80 g rohen Schinken (in Stücken) 2 Std. tiefkühlen. Im Mixtopf 5 Sek./Stufe 8 hacken (Achtung laut!). Mit 5 g Rapsöl (1 TL) 5 Min./120°/Stufe 1 dünsten. ½ Tomate dazugeben, 5 Sek./Stufe 6 pürieren. Mit dem Spatel nach unten schieben. ½ Bund Schnittlauch waschen, trocken tupfen, in Röllchen schneiden. Mit 100 g Crème fraîche und 1 Msp. Pfeffer 5 Sek./Stufe 3 unterrühren. Auf 4 Wraps streichen. 4 Salatblätter waschen, trocken schütteln und darauflegen. Fladen seitlich über der Füllung einklappen und aufrollen. Mit Zahnstochern fixieren und halbieren.

Zubereitung: 15 Min. + 2 Std. Tiefkühlen
Pro Portion ca. 140 kcal, 4 g EW, 7 g F, 14 g KH

GEMÜSEFÜLLUNG
FÜR 8 PERSONEN

4 Wraps mit 8 EL Roter Linsenpaste (s. S. 18) bestreichen. 4 Radieschen putzen, waschen, in dünne Scheiben schneiden und darauf verteilen. 100 g Salatgurke waschen, in 16 dünne Scheiben schneiden, diese halbieren und auf den Wraps verteilen. Fladen seitlich über der Füllung bis zur Mitte einklappen und aufrollen. Mit Zahnstochern fixieren und halbieren.

Zubereitung: 10 Min.
Pro Portion ca. 85 kcal, 3 g EW, 1 g F, 15 g KH

Handlich verpacken: Beim Füllen rundum einen Rand lassen, die Fladen rechts und links über der Füllung einklappen und von einer nicht eingeklappten Seite her aufrollen. Oder die Fladen nur so aufrollen und auf einer Seite mit Papier umwickeln.

Vitaminreiche
SALATE
fürs ganze Jahr

Oder die Würstchen im Ganzen
heiß machen und dazu servieren!

Bunter
BOHNENSALAT
mit Würstchen

FÜR 4 PERSONEN

Salz | 400 g grüne Bohnen | 200 g Wachsbohnen |
6 Zweige Bohnenkraut | 1 große Birne |
2 EL Zitronensaft | 4 Wiener Würstchen (je ca. 50 g) |
8 Radieschen | 40 g Obstessig | 60 g Rapsöl |
20 g Honig | Pfeffer
Zubereitung: 35 Min.
Pro Portion ca. 485 kcal, 15 g EW, 30 g F, 36 g KH

1 500 g Wasser und 10 g Salz in den Mixtopf geben.
Die Bohnen waschen, putzen, nach Belieben einmal
quer durchschneiden und in den Varoma-Behälter
geben. Die Bohnenkraut-Zweige waschen und darauf
verteilen. Deckel auflegen, Behälter auf den Mixtopf
setzen und die Bohnen je nach Geschmack und Boh-
nensorte 22–25 Min./Varoma / Stufe 1 dämpfen.

2 Inzwischen die Birne waschen, trocken reiben und
vierteln, dabei das Kerngehäuse entfernen. Birnenviertel quer in Scheiben schneiden und in einer Schüssel
sofort mit Zitronensaft beträufeln. Die Würstchen in
Scheiben schneiden. Die Radieschen putzen, waschen
und in Scheiben schneiden.

3 Gegarte Bohnen entnehmen. Den Mixtopf spülen,
den Rühraufsatz einsetzen. Essig, Öl sowie Honig einwiegen, mit ¼ TL Salz und 1 guten Prise Pfeffer würzen
und 5 Sek./Stufe 4 aufschlagen. Bohnen, Würstchen,
Radieschen und Dressing unter die Birnen mischen.
Salat nochmals mit Salz und Pfeffer abschmecken.

EIERCOCKTAIL
mit Salatdressing

FÜR 4 PERSONEN

6 Eier (M) | 1 Dose Maiskörner (Abtropfgewicht 285 g) |
1 kleine Dose Kidneybohnen (Abtropfgewicht 125 g) |
1 Kopfsalat | 120 g Buttermilch | 20 g flüssiger Honig |
Salz | Pfeffer
Zubereitung: 20 Min.
Pro Portion ca. 265 kcal, 17 g EW, 10 g F, 27 g KH

1 500 g Wasser in den Mixtopf geben. Die Eier in den
Gareinsatz legen, diesen in den Mixtopf einhängen.
Verschließen und 14 Min./Varoma / Stufe 1 garen. Eier
herausnehmen und kalt abbrausen, dann schälen und
etwas abkühlen lassen.

2 Mais sowie Kidneybohnen abtropfen lassen und
in eine Schüssel geben. Die Eier in Spalten schneiden
und vorsichtig mit Mais und Bohnen mischen.

3 Den Salat putzen, waschen, grob zerschneiden und
in den Mixtopf geben. Buttermilch und Honig einwiegen und alles 10 Sek./Stufe 8 pürieren. Das Dressing
mit Salz sowie Pfeffer würzen und unter die Zutaten
in der Schüssel mischen.

MÖHRENROHKOST
Blitzschnelle Vitaminbomben

... MIT PETERSILIE
FÜR 4 PERSONEN

½ Bund glatte Petersilie waschen und gut trocken tupfen. Blättchen abzupfen und im Mixtopf 3 Sek./Stufe 8 hacken. 400 g Möhren und 100 g Petersilienwurzeln schälen, in grobe Stücke schneiden. Mit 20 g Apfelessig, 20 g Honig und 30 g Rapsöl zur Petersilie geben. Mit ¼ TL Salz und 1 Prise Pfeffer würzen. Alles 5 Sek./Stufe 5 zerkleinern. Abschmecken und mit 30 g gerösteten Mandelblättchen bestreuen.

Zubereitung. 10 Min.
Pro Portion ca. 160 kcal, 3 g EW, 12 g F, g 10 KH

... MIT ÄPFELN UND CASHEWS
FÜR 4 PERSONEN

30 g Cashewmus (Bioladen), 40 g Ahornsirup (2 EL) sowie 10 g Apfelessig (1 EL) im Mixtopf 5 Sek./Stufe 5 mixen. 350 g Möhren schälen. 2 kleine Äpfel waschen, vierteln und entkernen. Möhren und Äpfel grob schneiden, in den Mixtopf geben und 6 Sek./Stufe 4,5 zerkleinern. 2 Chicorée in die Blätter teilen, dabei den Strunk entfernen. Blätter waschen, trocken schütteln und auf Tellern auslegen. Rohkost mit Salz und Pfeffer würzen und darauf verteilen. 40 g geröstete gesalzene Cashewkerne daraufstreuen.

Zubereitung: 10 Min.
Pro Portion ca. 170 kcal, 5 g EW, 5 g F, 18 g KH

... MIT KICHERERBSEN
FÜR 4 PERSONEN

500 g Möhren schälen, grob schneiden, im Mixtopf 5 Sek./Stufe 5 zerkleinern und in eine Schüssel füllen. Mixtopf spülen. 100 g Ziegenfrischkäse, 50 g Milch, ¼ TL Salz, 1 Prise Pfeffer und ¼ TL gemahlenen Kreuzkümmel im Mixtopf 5 Sek./Stufe 4 mischen. 2 Frühlingszwiebeln putzen, waschen, in feine Ringe schneiden. 40 g Rosinen abbrausen. Beides mit 150 g Kichererbsen (Dose) und Dressing unter die Möhren mischen. Mit Salz und Pfeffer abschmecken.

Zubereitung: 10 Min.
Pro Portion ca. 160 kcal, 7 g EW, 7 g F, 16 g KH

... MIT ANANAS UND JOGHURT
FÜR 4 PERSONEN

400 g Möhren und 100 g Pastinaken schälen, grob zerteilen und im Mixtopf 5 Sek./Stufe 5 zerkleinern. 250 g Ananasfruchtfleisch grob würfeln und 1–2 Sek./Stufe 5 untermixen. In eine Schüssel umfüllen, Mixtopf spülen. 200 g Joghurt, 20 g Ahornsirup, ¼ TL Salz, 1 Prise Pfeffer sowie ¼ TL edelsüßes Paprikapulver in den Mixtopf geben, 5 Sek./Stufe 3 mixen. Unter die Rohkost mengen. 25 g Mandelblättchen in einer Pfanne leicht rösten und darübergeben.

Zubereitung: 10 Min.
Pro Portion ca. 150 kcal, 4 g EW, 5 g F, 20 g KH

Hihi ... warum
die wohl Kicher-
erbsen heißen?

Möhren sind gut für die Augen, wie ein altes Hasensprichwort sagt.
Eine Rohkost ist schnell zubereitet - und weil das Ganze so einfach ist,
kommen hier gleich vier Varianten.

SPAGHETTISALAT
Caprese

FÜR 4 PERSONEN
200 g Spaghetti | Salz | 250 g Kirschtomaten |
250 g Mozzarella | 1 rote Zwiebel (ca. 70 g) |
2 Bund Basilikum | 50 g Aceto balsamico |
60 g Olivenöl | Pfeffer
Zubereitung: 20 Min.
Pro Portion ca. 490 kcal, 18 g EW, 28 g F, 39 g KH

1 Die Spaghetti in reichlich kochendem Salzwasser nach Packungsanweisung bissfest garen. In ein Sieb abgießen, kalt abbrausen und sehr gut abtropfen lassen. Die Kirschtomaten waschen und halbieren. Den Mozzarella grob würfeln.

2 Die Zwiebel schälen, vierteln und in den Mixtopf geben. Basilikum waschen und gut trocken tupfen. Blätter abzupfen, den größten Teil zur Zwiebel geben und 6 Sek./Stufe 9 zerkleinern, zwischendurch einmal und am Schluss mit dem Spatel am Topfrand nach unten schieben. Essig, Öl, ¼ TL Salz und 1 Prise Pfeffer dazugeben und alles 15 Sek./Stufe 5 verrühren.

3 Spaghetti, Tomaten und Mozzarella in einer Schüssel mischen. Das Dressing mit Salz sowie Pfeffer abschmecken und untermengen. Die restlichen Basilikumblättchen darüber verteilen.

SOMMERSALAT
mit Pfirsichdressing

FÜR 4 PERSONEN
3 Weinbergpfirsiche (200 g Fruchtfleisch) |
100 g griechischer Joghurt | 5 g Apfelessig (1 TL) |
Salz | Cayennepfeffer | 1 großer Kopfsalat |
100 g Heidelbeeren | 250 g Mozzarella |
2 Scheiben Toastbrot | 2 EL Olivenöl
Zubereitung: 15 Min.
Pro Portion ca. 305 kcal, 15 g EW, 21 g F, 14 g KH

1 Die Pfirsiche waschen, vierteln und entsteinen. Zusammen mit Joghurt, Essig, ¼ TL Salz und 1 Prise Cayennepfeffer im Mixtopf in 15 Sek./Stufe 5–8 stufenweise ansteigend glatt pürieren. Das Dressing nochmals mit Salz und Cayennepfeffer abschmecken.

2 Den Salat putzen, waschen, gründlich trocken schleudern und mundgerecht zerzupfen. Heidelbeeren verlesen, waschen und abtropfen lassen. Mozzarella in Scheiben schneiden und mit dem Salat sowie den Beeren anrichten. Das Dressing darüber verteilen.

3 Das Toastbrot würfeln. Das Öl in einer beschichteten Pfanne erhitzen und die Brotwürfel darin goldbraun braten. Salat mit den Brotwürfeln bestreuen und sofort servieren.

Dank Thermomix
keine Tränen mehr
beim Zwiebelschneiden!

BLUMENKOHLSALAT
mit Senfdressing

FÜR 4 PERSONEN
Salz | 1 Blumenkohl (ca. 800 g) | 1 Bund
Frühlingszwiebeln | ½ rote Paprika | 20 g süßer Senf |
20 g Apfeldicksaft | 30 g Apfelessig | 50 g Olivenöl |
Salz | Pfeffer
Zubereitung: 40 Min. + 17 Min. Garen
Pro Portion ca. 185 kcal, 5 g EW, 13 g F, 10 g KH

1 500 g Wasser in den Mixtopf geben und salzen, Topf verschließen. Den Blumenkohl putzen, waschen, in mundgerechte Röschen teilen, in den Varoma-Behälter geben und leicht salzen. Auf den Mixtopf stellen, Deckel auflegen und Blumenkohl in 17–20 Min./Varoma / Stufe 2 bissfest garen.

2 Frühlingszwiebeln putzen, waschen und in feine Ringe schneiden. Paprika putzen, entkernen, waschen und in feine Streifen schneiden.

3 Blumenkohl in eine Schüssel umfüllen. Mixtopf leeren und kalt ausspülen. Senf, Dicksaft, Essig und Öl einwiegen, je 1 gute Prise Salz und Pfeffer dazugeben. Den Rühraufsatz einsetzen und das Dressing 10 Sek./ Stufe 4 durchmixen.

4 Frühlingszwiebeln, Paprika und Dressing mit dem Blumenkohl in der Schüssel mischen. Salat nach Belieben abschmecken.

TIPP

Ein oder zwei zarte Hüllblätter vom Blumenkohl in feine Streifen schneiden und unter den Salat heben – sie liefern Vitalstoffe und viel Geschmack.

Romanesco-
BUCHWEIZEN-
Salat

FÜR 4 PERSONEN
200 g Buchweizen | Salz | 250 g Romanesco |
Pfeffer | 60 g Aprikosenkonfitüre | 40 g Apfelessig |
50 g Olivenöl | 1 TL Sambal Oelek
Zubereitung: 10 Min. + 18 Min. Garen
Pro Portion ca. 340 kcal, 6 g EW, 14 g F, 47 g KH

1 Den Gareinsatz in den Mixtopf hängen, den Buchweizen einwiegen. Ca. 1000 g Wasser darübergießen und etwas Salz daraufstreuen. Den Topf verschließen.

2 Den Romanesco putzen, waschen, in Röschen teilen und in den Varoma-Behälter geben. Den Varoma-Behälter auf den Mixtopf setzen, diesen verschließen und alles 18 Min./Varoma / Stufe 4 garen. Buchweizen und Romanesco in eine Schüssel umfüllen. Den Mixtopf leeren und mit kaltem Wasser ausspülen.

3 Konfitüre, Essig, Öl, Sambal Oelek sowie je 1 Prise Salz und Pfeffer in den Mixtopf geben und alles 5 Sek./ Stufe 5 durchmixen. Das Dressing mit den Zutaten in der Schüssel vermengen. Den Salat nochmals mit Salz und Pfeffer abschmecken.

Buchweizen schmeckt
nussig und enthält
extra viel Eiweiß!

KARTOFFELSALAT
Familienliebling x 4

... MIT SCHINKEN UND MAIS
FÜR 4 PERSONEN

500 g Wasser und 10 g Salz in den Mixtopf geben. 800 g Kartoffeln schälen, in Spalten schneiden und im Varoma-Behälter 22 Min./Varoma/Stufe 1 dämpfen. In einer Schüssel mit 100 g Schinkenwürfeln, 150 g Gewürzgurken (in Scheiben) und 285 g Maiskörnern (Dose) mischen. Mixtopf leeren. 1 Zwiebel schälen, vierteln, im Mixtopf 3 Sek./Stufe 5 zerkleinern. Rühraufsatz einsetzen. 20 g Senf, 30 g Weinessig, 50 g Öl, ¼ TL Salz und 1 Prise Pfeffer zufügen, 10 Sek./Stufe 4 mischen. Mit den Kartoffeln vermengen.

Zubereitung: 25 Min. + 22 Min. Garen
Pro Portion ca. 345 kcal, 13 g EW, 14 g F, 41 g KH

... MIT NÜSSEN
FÜR 4 PERSONEN

500 g Wasser und 10 g Salz in den Mixtopf geben. 800 g Kartoffeln schälen, 3 cm groß würfeln und im Varoma-Behälter 22 Min./Varoma/Stufe 1 dämpfen. Umfüllen, Mixtopf leeren und kalt ausspülen. Grün von 1 Bund Radieschen abschneiden, waschen und trocken tupfen. Mit 50 g Walnusskernen, 30 g Essig und 50 g Öl im Mixtopf 4 Sek./Stufe 5 mixen. Radieschen vierteln. Mit dem Dressing unter die Kartoffeln mischen. Mit Salz und Pfeffer würzen.

Zubereitung: 20 Min. + 22 Min. Garen
Pro Portion ca. 315 kcal, 6 g EW, 21 g F, 27 g KH

... MIT RÄUCHERFISCH
FÜR 4 PERSONEN

500 g Wasser und 10 g Salz in den Mixtopf geben. 800 g kleine junge Kartoffeln gut waschen und im Varoma-Behälter 25 Min./Varoma/Stufe 1 dämpfen. Umfüllen, Mixtopf leeren. 1 Bund Dill waschen, gut trocken tupfen und ohne grobe Stiele 3 Sek./Stufe 6 hacken. 250 g Joghurt, ½ TL edelsüßes Paprikapulver, ¼ TL Salz und 1 Prise Pfeffer 6 Sek./Stufe 9 untermixen. 150 g Schillerlocke grob zerteilen und mit den Kartoffeln mischen. Dressing darübergeben.

Zubereitung: 15 Min. + 25 Min. Garen
Pro Portion ca. 290 kcal, 14 g EW, 11 g F, 32 g KH

... MIT PARMESAN
FÜR 4 PERSONEN

500 g Wasser und 10 g Salz in den Mixtopf geben. 800 g Kartoffeln schälen, 3 cm groß würfeln, im Varoma-Behälter 22 Min./Varoma/Stufe 1 dämpfen. Umfüllen, Mixtopf leeren. 100 g Parmesan 3 cm groß würfeln, 1 Sek./Stufe 8 hacken, umfüllen. 1 Bund Basilikum waschen, trocken tupfen. Blätter abzupfen, die Hälfte 3 Sek./Stufe 8 hacken. 200 g Ricotta und 80 g Milch 5 Sek./Stufe 8 untermixen. Mit Salz und Pfeffer würzen. 10 Soft-Tomaten in Streifen schneiden. Salatzutaten und Dressing mischen.

Zubereitung: 25 Min. + 22 Min. Garen
Pro Portion ca. 325 kcal, 19 g EW, 15 g F, 29 g KH

lecker zu Grillfleisch ←

Party, Grillfest oder Weihnachtsessen mit Würstchen: Kartoffelsalate sind stets die Nummer 1. Und weil sie so schön wandelbar sind, passen sie sich problemlos den unterschiedlichsten Aromen an. Da ist garantiert für jeden etwas dabei.

TOMATENSALAT
Sommerfrische für Groß und Klein

... MIT GARNELEN
FÜR 4 PERSONEN

4 Fleischtomaten waschen, von den Stielansätzen befreien und in Scheiben schneiden. Auf Teller verteilen, mit Salz und Pfeffer würzen. 2 rote Zwiebeln (je ca. 60 g) und 1 Knoblauchzehe schälen, vierteln und in 3 Sek./Stufe 5 zerkleinern. ¼ TL Salz, 1 Prise Pfeffer, 25 g weißen Aceto balsamico und 50 g Olivenöl 3 Sek./Stufe 3 untermixen. Über die Tomaten träufeln. 150 g kleine geschälte gegarte Garnelen in einer Pfanne in 1 EL Olivenöl 3 Min. braten, salzen, pfeffern und auf den Salat geben.

Zubereitung: 15 Min.
Pro Portion ca. 190 kcal, 9 g EW, 16 g F, 4 g KH

... MIT TOFUDRESSING
FÜR 4 PERSONEN

Backofen auf 180° vorheizen. 600 g kleine bunte Tomaten waschen, halbieren und mit den Rundungen nach unten in eine Auflaufform legen. Mit 4 EL Olivenöl beträufeln, mit Salz und Pfeffer würzen. Im Ofen (Mitte) 20 Min. garen. 200 g Seidentofu mit 20 g Ahornsirup, 10 g Limettensaft, 20 g Walnussöl, ¼ TL Salz und 1 Prise Pfeffer im Mixtopf 5 Sek./Stufe 4 mischen. Auf Teller geben. 4 Frühlingszwiebeln waschen, putzen, in feine Ringe schneiden, mit den Tomaten mischen und auf das Dressing geben.

Zubereitung: 20 Min. + 20 Min. Backen
Pro Portion ca. 200 kcal, 4 g EW, 16 g F, 9 g KH

... MIT SCHINKEN UND GURKE
FÜR 4 PERSONEN

600 g Tomaten waschen und achteln, dabei entkernen und von den Stielansätzen befreien. Mit 100 g rohem Schinken (in dünnen Scheiben) auf Teller legen. 250 g Salatgurke schälen, längs halbieren, entkernen, und grob zerschneiden. Mit ¼ TL Salz, 1 Prise Pfeffer, 125 g Joghurt und 20 g Olivenöl im Mixtopf 3 Sek./Stufe 5 zerkleinern. Abschmecken und über die Tomaten geben. 20 g Sesam rösten, darüberstreuen.

Zubereitung: 20 Min.
Pro Portion ca. 155 kcal, 8 g EW, 10 g F, 7 g KH

... MIT OLIVENDRESSING
FÜR 4 PERSONEN

600 g Eiertomaten waschen, von Stielansätzen befreien, in Scheiben schneiden. 2 Herzen Römersalat waschen, trocken schütteln, in Streifen schneiden. Mit den Tomaten anrichten. ½ grüne Paprika vierteln, putzen, waschen. Mit 75 g grünen Oliven (entsteint), ¼ TL Salz, 1 Prise Pfeffer, 1 TL edelsüßem Paprikapulver, 30 g Aceto balsamico und 50 g Olivenöl im Mixtopf 5 Sek./Stufe 2 zerkleinern. Über den Salat geben.

Zubereitung: 20 Min.
Pro Portion ca. 165 kcal, 3 g EW, 14 g F, 5 g KH

Sommerfrisch, leuchtend rot und voller Aroma – so brauchen die Liebesfrüchte nicht mehr als etwas Essig, Öl, Salz und Pfeffer. Wenn sie weniger Geschmack zu bieten haben, bringen die richtigen Partner Pep in die Schüssel.

Spargel-
GNOCCHI-SALAT
mit Orangenmayo

FÜR 4 PERSONEN

Für den Salat:

Salz

500 g grüner Spargel

1 EL weiche Butter

300 g Gnocchi (Kühlregal)

1 kleiner Radicchio

1 kleiner Friséesalat

Für die Mayonnaise:

½ Bio-Orange

125 g Rapsöl

1 Ei (S)

1 TL Senf

Salz | Pfeffer

100 g Joghurt

Zubereitung: 20 Min.
+ 25 Min. Garen
Pro Portion ca. 510 kcal,
10 g EW, 37 g F, 34 g KH

1 Für den Salat 500 g Wasser und 10 g Salz in den Mixtopf einwiegen. Spargel waschen und im unteren Drittel schälen, jede Stange dritteln oder vierteln. Spargelstücke in den Varoma-Behälter geben, dabei die Spitzen nach oben legen. Den Varoma-Einlegeboden mit Butter einstreichen und die Gnocchi darauf verteilen. Varoma auf den Mixtopf setzen und alles 25 Min./Varoma / Stufe 2 garen. Vom Mixtopf nehmen und beiseitestellen. Den Mixtopf leeren, kalt ausspülen und abtrocknen.

2 Für die Mayonnaise die Orange heiß waschen und trocken reiben, etwas Schale mit einem Sparschäler dünn abschälen und im Mixtopf 8 Sek./Stufe 8 zerkleinern. Orangensaft auspressen. Öl in einem Kännchen abwiegen. Ei, Senf sowie je 1 Prise Salz und Pfeffer zur Orangenschale geben. Ca. 2 Min./Stufe 4 aufschlagen, dabei das Öl erst tropfenweise, dann ganz langsam auf den Mixtopfdeckel geben – es fließt dadurch in einem dünnen Strahl auf das laufende Messer. Joghurt und 1–2 EL Orangensaft 2 Sek./Stufe 4 unterrühren.

3 Radicchio und Friséesalat putzen, waschen, in die einzelnen Blätter teilen und gut trocken schleudern. Mit Spargel, Gnocchi und der Mayonnaise auf Tellern anrichten.

TIPP

Für eine klassische Mayonnaise die Orangenschale und den Joghurt weglassen und die Ölmenge auf 250 g erhöhen.

MELONENSALAT
mit Avocado

FÜR 4 PERSONEN

1 Bio-Limette | 1 rote Zwiebel (ca. 100 g) | 1 kleine rote Chilischote | 300 g Salatgurke | 40 g Olivenöl | Salz | Pfeffer | 1 Avocado (reif, aber nicht zu weich) | 150 g Joghurt | 800 g Wassermelone | einige Blättchen Koriandergrün (ersatzweise Petersilie)

Zubereitung: 20 Min.

Pro Portion ca. 330 kcal, 4 g EW, 25 g F, 21 g KH

1 Die Limette heiß waschen und trocken reiben. Etwas Schale mit dem Sparschäler dünn abschälen und im Mixtopf 10 Sek./Stufe 9 zerkleinern. Die Zwiebel schälen und achteln. Die Chilischote putzen, entkernen, waschen und vierteln. Beides in den Mixtopf geben und 4 Sek./Stufe 8 hacken.

2 Gurke schälen, längs halbieren und entkernen. Die Hälfte der Gurke in dünne Scheiben schneiden. Restliche Gurke in dicke Stücke schneiden und in den Mixtopf geben. Limettensaft auspressen und hinzufügen. Öl, ¼ TL Salz und 1 gute Prise Pfeffer dazugeben. Avocado halbieren und entsteinen, Fruchtfleisch aus den Hälften lösen und in den Mixtopf geben. Alles 4 Sek./Stufe 5 pürieren. Den Joghurt 3 Sek./Linkslauf / Stufe 4 unterrühren.

3 Melone in dicke Spalten schneiden, Fruchtfleisch aus der Schale lösen und mundgerecht würfeln. Mit Gurkenscheiben in Schälchen verteilen, das Dressing darüber verteilen. Koriander waschen, trocken tupfen, etwas kleiner zupfen und auf den Salat streuen.

Fruchtiger
GURKENSALAT
mit Kräutern

FÜR 4 PERSONEN

3 Stängel Dill | 4 Zweige Minze | 4 Stängel Petersilie | Salz | Pfeffer | 200 g Joghurt | 30 g Olivenöl (3 EL) | 20 g Sesamöl (2 EL) | 1 Salatgurke | ½ Zuckermelone (z. B. Galia oder Cantaloup) | 20 g Sesam | Chiliflocken

Zubereitung: 20 Min.

Pro Portion ca. 220 kcal, 4 g EW, 17 g F, 12 g KH

1 Kräuter waschen und gut trocken tupfen. Blättchen abzupfen und im Mixtopf 3 Sek./Stufe 7 hacken. Mit dem Spatel am Topfrand nach unten schieben. ¼ TL Salz, 1 Prise Pfeffer, Joghurt und beide Ölsorten dazugeben und alles 4 Sek./Stufe 4 mixen.

2 Gurke schälen, längs halbieren und entkernen, dann quer in ca. 1 cm dicke Scheiben schneiden. Melone in dicke Spalten schneiden und von Kernen, Fasern und Schale befreien. Die Spalten in mundgerechte Stücke schneiden. Gurke und Melone mit dem Dressing mischen. Mit Salz und Pfeffer abschmecken.

3 Den Sesam in einer kleinen beschichteten Pfanne rösten, bis er angenehm duftet. Den Salat mit Sesam und Chiliflocken bestreuen.

TIPP

Sesam und andere Samen oder auch Nüsse entfalten ihr Aroma besonders gut, wenn sie in einer Pfanne ohne Fettzugabe bei mittlerer Hitze angeröstet werden, bis sie fein duften.

Obstfans aufgepasst:
Heute gibt's Melone
mal als Salat!

Kann man auch super
aus der Lunchbox löffeln!

HIRSESALAT
mit Räuchertofu

FÜR 4 PERSONEN

180 g Hirse | 10 g Instant-Gemüsebrühe |
250 g TK-Erbsen-Möhren-Mischung | 6 Zweige Minze |
50 g Apfelessig | 20 g Apfeldicksaft | 60 g Olivenöl |
Salz | Pfeffer | 200 g Räuchertofu |
40 g geröstete Sojakerne (Fertigprodukt)
Zubereitung: 15 Min. + 16 Min. Garen
Pro Portion ca. 470 kcal, 22 g EW, 22 g F, 44 g KH

1 Hirse, 550 g Wasser und Brühe in den Mixtopf einwiegen. 16 Min./100°/Linkslauf / Sanftrührstufe garen,
dabei nach 6 Min. das TK-Gemüse dazugeben. In einem Sieb abtropfen lassen.

2 Den Mixtopf kalt ausspülen und abtrocknen. Die
Minze waschen, gut trocken tupfen, von groben Stie-
len befreien und 3 Sek./Stufe 8 hacken. Essig, Apfel-
dicksaft, Öl, ¼ TL Salz und 1 Prise Pfeffer hinzufügen.
Den Rühraufsatz in den Mixtopf einsetzen und die
Dressingzutaten 5 Sek./Stufe 4 aufschlagen.

3 Den Tofu 1 cm groß würfeln und in einer Schüssel
mit der Hirse sowie dem Dressing mischen. Den Salat
nochmals mit Salz sowie Pfeffer abschmecken und mit
Sojakernen bestreuen.

LINSENSALAT
mit Rucola

FÜR 4 PERSONEN

1 große Zwiebel (ca. 150 g) | 200 g Puy- oder
Belugalinsen | 10 g Instant-Gemüsebrühe | 1 Bund
Rucola | 150 g Aprikosen | 100 g Putenbrustaufschnitt |
150 g süßsauer eingelegter Kürbis (Glas) |
3 EL Olivenöl | 6 EL Himbeeressig | Salz | Pfeffer
Zubereitung: 15 Min. + 25 Min. Garen
Pro Portion ca. 330 kcal, 17 g EW, 11 g F, 41 g KH

1 Die Zwiebel schälen, grob zerteilen und im Mixtopf 4 Sek./Stufe 5 hacken. Linsen, 400 g Wasser und
Gemüsebrühe in den Mixtopf dazuwiegen. Den Topf
verschließen und die Linsen darin 22–25 Min./100°/
Linkslauf / Sanftrührstufe garen.

2 Inzwischen den Rucola waschen, verlesen, trocken
schütteln und etwas kleiner zupfen. Die Aprikosen waschen, vierteln und entsteinen. Den Putenaufschnitt in
Streifen schneiden. Den Kürbis in einem Sieb abtropfen lassen, dabei den Sud auffangen.

3 Die gegarten Linsen eventuell abtropfen lassen,
dann in eine Schüssel umfüllen. Aprikosen, Aufschnitt
und Kürbis untermengen. Öl, Essig, Salz, Pfeffer sowie etwas Einlegesud vom Kürbis dazugeben, alles
mischen und abschmecken. Zuletzt den Rucola untermengen. Lauwarm oder kalt servieren.

Die
ONE POTS
für entspanntes Kochen

TOMATENSUPPE
mit Käseknödelchen

FÜR 4 PERSONEN

Für die Knödelchen:
50 g Emmentaler
50 g Semmelbrösel
½ Zwiebel
50 g Butter
1 Ei (M)
Salz | Pfeffer

Für die Tomatenbrühe:
½ Zwiebel
30 g Rapsöl (3 EL)
30 g Mehl
120 g Tomatenmark
1250 g Hühnerbrühe (ersatzweise Gemüsebrühe)
10 g Agavendicksaft (2 TL)
Pfeffer
Salz (nach Belieben)
½ Bund Schnittlauch

Zubereitung: 40 Min.
Pro Portion ca. 335 kcal,
8 g EW, 24 g F, 21 g KH

1 Für die Knödelchen den Emmentaler in 2 cm große Stücke schneiden und mit den Semmelbröseln im Mixtopf 8 Sek./Stufe 5 hacken. Die Zwiebel schälen, dazugeben und 5 Sek./Stufe 5 weiterhacken. Butter in Scheiben, Ei sowie je ½ TL Salz und Pfeffer dazugeben und 10 Sek./Stufe 5 unterrühren. Den Knödelteig in eine Schüssel umfüllen.

2 Für die Tomatenbrühe die Zwiebel schälen und im Mixtopf 5 Sek./Stufe 5 hacken. Das Rapsöl dazugeben und alles 3 Min./120°/Stufe 1 dünsten. Das Mixgut mit dem Spatel am Topfrand nach unten schieben. Das Mehl darübergeben und 3 Min./100°/Stufe 1 anschwitzen. Das Tomatenmark hinzufügen, die Brühe angießen und alles 8 Min./90°/Stufe 4 garen.

3 Inzwischen aus dem Knödelteig mit den Händen ca. 16 Knödelchen mit je ca. 2 cm Ø formen und auf einem Schneidebrett ablegen. Die Tomatenbrühe mit Agavendicksaft, 1 Msp. Pfeffer und nach Belieben mit Salz würzen. Die Brühe in einen großen Kochtopf umfüllen. Die vorbereiteten Knödelchen in die Brühe gleiten lassen und auf dem Herd bei schwacher Hitze in 10 Min. gar ziehen lassen.

4 Inzwischen den Schnittlauch waschen, trocken tupfen und in feine Röllchen schneiden. Die Suppe auf Teller verteilen und mit Schnittlauch anrichten.

TIPPS

Für selbst gemachte Semmelbrösel trockene, in Stücke geschnittene Brotreste im Mixtopf 10 Sek./Stufe 4 zerbröseln (Achtung laut!). Sie sind gut verpackt monatelang haltbar.

Wärmt nach einem
langen Schultag die Seele.

KÜRBISSUPPE
mit Apfel

FÜR 4 PERSONEN
400 g Hokkaidokürbis | 2 Äpfel | 1 Zwiebel |
20 g Butter | 2 TL mildes Currypulver | Salz | Pfeffer |
150 g Sahne | 30 g Crème fraîche | 1 TL Aceto
balsamico | rosa Pfeffer (nach Belieben)
Zubereitung: 20 Min. + 30 Min. Kochen
Pro Portion ca. 235 kcal, 2 g EW, 19 g F, 12 g KH

1 Kürbis waschen, Fasern und Kerne entfernen. Das Fruchtfleisch mit Schale in 3 cm große Stücke schneiden. Äpfel waschen und vierteln, dabei jeweils das Kerngehäuse entfernen.

2 Zwiebel schälen, halbieren und im Mixtopf 5 Sek./Stufe 4 hacken. Mixgut mit dem Spatel am Topfrand nach unten schieben. Butter dazugeben und alles 3 Min./100°/Stufe 1 dünsten.

3 Kürbis- sowie Apfelstücke zu den Zwiebeln in den Mixtopf geben und 4 Sek./Stufe 5 hacken. Die Mischung 5 Min./100°/Stufe 1 weiterdünsten, dann 750 g Wasser angießen. Alles mit Currypulver, 1 TL Salz sowie 1 Msp. Pfeffer würzen und 30 Min./100°/Stufe 2 kochen.

4 Suppe 20 Sek./Stufe 4–8 stufenweise ansteigend pürieren. 100 g Sahne angießen. Crème fraîche und Aceto balsamico hinzufügen. Restliche Sahne mit den Rührbesen des Handrührgeräts steif schlagen. Suppe auf Teller verteilen, je 1 Klecks Sahne daraufsetzen. Nach Belieben mit zerstoßenem rosa Pfeffer bestreuen.

TIPP
Stellen Sie als Topping-Alternativen Kürbiskernöl, saure Sahne oder Joghurt bereit.

Rote
HERBSTSUPPE
mit Möhrenstreifen

FÜR 4 PERSONEN
3 Zwiebeln | 20 g Rapsöl (2 EL) | 300 g Rote
Bete (roh) | 300 g Hokkaidokürbis | Salz |
1 große Möhre | 200 g Sahne | 150 g Frischkäse
(Doppelrahmstufe) | 1 Prise frisch geriebene
Muskatnuss | ½ TL gemahlener Kreuzkümmel |
1 Msp. gemahlener Piment | Pfeffer
Zubereitung: 35 Min.
Pro Portion ca. 360 kcal, 6 g EW, 31 g F, 14 g KH

1 Zwiebeln schälen, halbieren und im Mixtopf 3 Sek./Stufe 5 hacken. Mixgut mit dem Spatel am Topfrand nach unten schieben. 10 g Öl (1 EL) dazugeben und die Zwiebeln 3 Min./120°/Stufe 1 dünsten.

2 Rote Bete schälen, am besten mit Einweghandschuhen, und in 3 cm große Stücke schneiden. Kürbis waschen, Fasern und Kerne entfernen. Mit Schale in 3 cm große Stücke schneiden und mit den Rote-Bete-Stücken in den Mixtopf geben. Gemüse zunächst 4 Sek./Stufe 5 hacken, dann 6 Min./120°/Stufe 2 dünsten. 600 g Wasser sowie 3 TL Salz hinzufügen und alles 12 Min./100°/Stufe 3 kochen.

3 Inzwischen Möhre schälen und in feine Juliennestreifen schneiden. Restliches Öl in einer Pfanne erhitzen und die Möhre darin offen bei mittlerer Hitze 15 Min. rösten.

4 Gekochtes Gemüse 20 Sek./Stufe 4–8 stufenweise ansteigend fein pürieren. Frischkäse, Muskat, Kreuzkümmel, Piment und 1 Msp. Pfeffer 10 Sek./Stufe 3 unterrühren. Suppe mit Möhrenstreifen dekorieren.

Sauerkraut-
KARTOFFEL-SUPPE
mit Kümmel

FÜR 4 PERSONEN

2 Zwiebeln
1 Knoblauchzehe
30 g Rapsöl (3 EL)
500 g mehligkochende
Kartoffeln
150 g Sauerkraut (frisch oder
aus der Dose)
½ TL gemahlener Kümmel
½ Bund Schnittlauch
50 g Sahne
250 g Vollmilch
Salz | Pfeffer
½ TL Balsamico bianco

Zubereitung: 20 Min.
+ 30 Min. Garen
Pro Portion ca. 225 kcal,
5 g EW, 14 g F, 19 g KH

1 Die Zwiebeln schälen und halbieren. Die Knoblauchzehe schälen. Zwiebel sowie Knoblauch in den Mixtopf geben und 3 Sek./Stufe 5 hacken. Das Mixgut mit dem Spatel am Topfrand nach unten schieben. 10 g Rapsöl (1 EL) zur Zwiebelmischung in den Topf geben und alles 4 Min./120°/Stufe 1 dünsten.

2 Die Kartoffeln schälen, in 3 cm große Stücke schneiden, zu den Zwiebeln in den Mixtopf geben und 2 Sek./Stufe 6 stückig hacken. Das Mixgut 5 Min./120°/Stufe 2 dünsten. 500 g Wasser angießen und die Suppe 30 Min./100°/Stufe 3 kochen.

3 Inzwischen das Sauerkraut in einem Sieb abtropfen lassen und dann mit einem Messer von Hand sehr fein schneiden. Restliches Öl in einer Pfanne erhitzen und das Kraut mit dem Kümmel darin offen bei mittlerer Hitze ca. 3 Min. dünsten. Das Sauerkraut in den laufenden Thermomix zu den Kartoffeln geben.

4 Den Schnittlauch waschen, trocken tupfen und in feine Röllchen schneiden. Die Sahne und die Milch in den Mixtopf dazugießen und 3 Sek./Stufe 3 unterrühren. Die Suppe mit 1 ½ TL Salz, 1 Msp. Pfeffer und dem Balsamico bianco würzen.

5 Sollte die Konsistenz der Suppe zu dick sein, noch etwas mehr Milch oder Wasser hinzufügen. Die Suppe auf Teller verteilen und mit Schnittlauchröllchen bestreuen. Dazu passt Dinkel-Vollkorn-toast (s. S. 204).

Gemahlen mögen viele
Kinder Kümmel lieber!

KOHLRABISUPPE
mit Äpfeln

FÜR 4 PERSONEN

1 großer Kohlrabi (ca. 400 g, mit Grün) | ½ Bund glatte Petersilie | 1 Zwiebel | 10 g Rapsöl (1 EL) | 2 Äpfel | Salz | 200 g Sahne | Pfeffer | frisch geriebene Muskatnuss (nach Belieben)

Zubereitung: 15 Min. + 15 Min. Kochen
Pro Portion ca. 220 kcal, 3 g EW, 19 g F, 10 g KH

1 Vom Kohlrabi das Grün abschneiden, die kleinen Blätter waschen und trocken tupfen. Petersilie waschen und gut trocken tupfen, grobe Stiele entfernen. Petersilie und die kleinen Kohlrabiblätter im Mixtopf 2 Sek./Stufe 8 hacken. Umfüllen und beiseitestellen.

2 Zwiebel schälen, halbieren und im Mixtopf 3 Sek./Stufe 5 hacken. Öl dazugeben und alles 5 Min./120°/Stufe 1 dünsten. Kohlrabi schälen und in 3 cm große Stücke schneiden. Die Äpfel waschen und vierteln, dabei jeweils das Kerngehäuse entfernen.

3 Kohlrabi und Äpfel zur Zwiebel in den Mixtopf geben und 5 Sek./Stufe 4 hacken, dann 5 Min./120°/Stufe 1 dünsten. 600 g Wasser sowie 1 TL Salz hinzufügen und die Suppe 15 Min./100°/Stufe 1 kochen.

4 Die Sahne und die Petersilienmischung in die Suppe geben und 3 Sek./Stufe 3 unterrühren. Die Suppe mit Salz, 1 Msp. Pfeffer und nach Belieben mit 1 Prise Muskatnuss würzen.

Apfel-
KRABBEN-
Suppe

FÜR 4 PERSONEN

2 Zwiebeln | 20 g Butter | 300 g Apfelsaft | 200 g Vollmilch | 200 g Sahne | 25 g Sahnemeerrettich | 20 g Dijonsenf | Salz | Pfeffer | 1 roter Apfel (z. B. Roter Berlepsch) | 200 g gegarte, geschälte Nordseekrabben (Kühlregal) | 1 Kästchen Kresse

Zubereitung: 20 Min.
Pro Portion ca. 345 kcal, 14 g EW, 24 g F, 17 g KH

1 Zwiebeln schälen, halbieren und im Mixtopf 5 Sek./Stufe 5 hacken. Mixgut mit dem Spatel am Topfrand nach unten schieben. Butter hinzufügen und alles 4 Min./100°/Stufe 1 dünsten.

2 Apfelsaft, Milch, Sahne, Sahnemeerrettich und Dijonsenf dazugeben und 3 Sek./Stufe 3 unterrühren. Mit ½ TL Salz sowie 1 Msp. Pfeffer würzen und 8 Min./100°/Stufe 1 weitergaren.

3 Inzwischen den Apfel waschen und vierteln, dabei das Kerngehäuse entfernen. Apfelviertel in feine Scheiben schneiden und diese mit den Krabben in die Suppe geben. Diese 3 Min./90°/Linkslauf / Sanftrührstufe erhitzen und auf Teller verteilen. Die Kresse vom Beet abschneiden und daraufstreuen. Dazu passt Baguette.

TIPP

Wenn der Apfel sehr fest ist, geben Sie zunächst nur die Apfelscheiben in den Mixtopf und erhitzen diese 3 Min./90°/Linkslauf / Sanftrührstufe. Erst dann die Krabben hinzufügen und alles noch mindestens 5 Min. durchziehen lassen.

Möhren- CURRY-SUPPE
mit Pastinakenchips

FÜR 4 PERSONEN
½ Bund glatte Petersilie | 2 Zwiebeln |
2 Knoblauchzehen | 10 g Rapsöl (1 EL) | 500 g Möhren |
2 kleine Pastinaken (ca. 100 g) | 1 TL Currypulver |
Salz | 20 g Butterschmalz | Pfeffer | Saft von ½ Zitrone
(nach Belieben) | 100 g saure Sahne (nach Belieben)
Zubereitung: 30 Min.
Pro Portion ca. 110 kcal, 2 g EW, 8 g F, 8 g KH

1 Petersilie waschen, gut trocken tupfen, von groben Stielen befreien und im Mixtopf 3 Sek./Stufe 8 hacken. Umfüllen und beiseitestellen. Zwiebeln schälen und halbieren. Knoblauch schälen. Beides im Mixtopf 6 Sek./Stufe 5 hacken. Mixgut mit dem Spatel am Topfrand nach unten schieben. Öl hinzufügen und alles 4 Min./120°/Stufe 1 dünsten.

2 Möhren sowie 1 Pastinake schälen und in 2 cm lange Stücke schneiden. Mit Curry sowie 2 TL Salz in den Mixtopf geben und 7 Sek./Stufe 5 hacken. Mixgut mit dem Spatel am Topfrand nach unten schieben, dann 3 Min./100°/Stufe 1 dünsten. 800 g Wasser angießen und alles 20 Min./100°/Stufe 1 kochen.

3 Inzwischen für die Chips die zweite Pastinake schälen und in feine Scheiben hobeln. Butterschmalz in einer beschichteten Pfanne erhitzen und die Scheiben darin bei mittlerer Hitze von beiden Seiten rösten. Die Chips auf Küchenpapier entfetten.

4 Suppe 20 Sek./Stufe 4–8 stufenweise ansteigend pürieren. Mit 1 Msp. Pfeffer würzen, nach Belieben Zitronensaft und saure Sahne unterrühren. In Tassen mit Petersilie und Pastinakenchips dekoriert servieren.

Möhren- CREMESUPPE
mit Orange

FÜR 4 PERSONEN
½ Bund glatte Petersilie | 4 Zweige Thymian
(ersatzweise ½ TL getrockneter Thymian) | 1 Stück
Ingwer (1 cm lang) | 3 Orangen | 500 g Möhren | 400 g
mehligkochende Kartoffeln | 10 g Olivenöl (1 EL) |
15 g Instant-Gemüsebrühe | 200 g Sahne | Salz |
Pfeffer | 1 TL Agavendicksaft (nach Belieben)
Zubereitung: 20 Min.
Pro Portion ca. 315 kcal, 6 g EW, 19 g F, 30 g KH

1 Petersilie waschen und gut trocken tupfen, grobe Stiele entfernen. Thymian waschen und gut trocken tupfen, Blättchen abstreifen. Ingwer schälen und grob schneiden. Petersilie, Thymian und Ingwer im Mixtopf 3 Sek./Stufe 8 hacken. Orangen schälen, in 3 cm große Stücke schneiden, dazugeben und alles 10 Sek./Stufe 6 pürieren. In eine Schüssel umfüllen.

2 Möhren sowie Kartoffeln schälen, in 3 cm große Stücke schneiden und im Mixtopf 4 Sek./Stufe 5 hacken. Mixgut mit dem Spatel am Topfrand nach unten schieben. Öl hinzufügen und das Gemüse 5 Min./120°/Stufe 1 dünsten. Brühe, 800 g Wasser und Orangenpüree hinzufügen und die Suppe 15 Min./100°/Stufe 1 kochen. Inzwischen 100 g Sahne mit den Rührbesen des Handrührgeräts steif schlagen.

3 Die Suppe 30 Sek./Stufe 4–10 stufenweise ansteigend pürieren. Mit 3 TL Salz, ½ TL Pfeffer und nach Belieben Agavendicksaft würzen. Restliche Sahne dazugeben und die Suppe 2 Min./90°/Stufe 3 erhitzen. In Tassen verteilen und mit Sahne dekorieren.

CREMESUPPENGLÜCK
Macht löffelweise satt und zufrieden

PETERSILIENCREMESUPPE
FÜR 4 PERSONEN

1 Bund glatte Petersilie waschen, gut trocken tupfen, ohne grobe Stiele im Mixtopf 3 Sek./Stufe 8 hacken. ½ Zwiebel schälen, 3 Sek./Stufe 5 mithacken. Nach unten schieben. 40 g Butter dazugeben, 3 Min./100°/Stufe 1 dünsten. 40 g Mehl 3 Min./100°/Stufe 1 mit anschwitzen. 800 g Gemüsebrühe, 100 g Sahne, 2 TL Salz, 1 Prise frisch geriebene Muskatnuss und 1 Msp. Pfeffer dazugeben. 6 Min./90°/Stufe 4 erhitzen. Mit gerösteten Pinienkernen anrichten.

Zubereitung: 15 Min.
Pro Portion ca. 175 kcal, 2 g EW, 16 g F, 4 g KH

PASTINAKENCREMESUPPE
FÜR 4 PERSONEN

1 Zwiebel, 500 g Pastinaken und 100 g Möhre schälen, 3 cm groß würfeln, im Mixtopf 10 Sek./Stufe 5 hacken. Nach unten schieben. 10 g Rapsöl dazugeben, 5 Min./120°/Stufe 1 dünsten. 850 g Gemüsebrühe hinzufügen. 20 Min./100°/Stufe 2 garen. 200 g Sahne, 1 TL mildes Currypulver, 1 TL Salz, ¼ TL Pfeffer und 1 TL Sahnemeerrettich hinzufügen. Die Suppe 10 Sek./Stufe 5–10 stufenweise ansteigend schaumig pürieren und mit 2 EL gehackter Petersilie anrichten.

Zubereitung: 10 Min. + 20 Min. Garen
Pro Portion ca. 260 kcal, 4 g EW, 19 g F, 18 g KH

KALTE GURKENCREMESUPPE
FÜR 4 PERSONEN

½ Bund Dill und 1 Zweig Minze waschen, gut trocken tupfen, ohne grobe Stiele im Mixtopf 3 Sek./Stufe 8 hacken. 2 Landgurken (700 g) schälen, längs halbieren, entkernen und 3 cm groß würfeln. 2 Stücke fein würfeln, Rest im Mixtopf 10 Sek./Stufe 5 pürieren. Mixgut nach unten schieben. Mit 200 g griechischem Joghurt, 1 TL Salz, 1 Msp. Cayennepfeffer 30 Sek./Stufe 8 pürieren. 3 Radieschen putzen, waschen, fein würfeln. Suppe mit Gurke und Radieschen anrichten.

Zubereitung: 10 Min.
Pro Portion ca. 75 kcal, 3 g EW, 5 g F, 5 g KH

STECKRÜBENCREMESUPPE
FÜR 4 PERSONEN

500 g Steckrübe und 400 g mehligkochende Kartoffeln schälen, 3 cm groß würfeln, im Mixtopf 5 Sek./Stufe 5 hacken. Nach unten schieben. 750 g Gemüsebrühe hinzufügen. 15 Min./100°/Stufe 1 garen, dabei Gareinsatz als Spritzschutz auf den Mixtopfdeckel stellen. 200 g saure Sahne, 1 Msp. gemahlenen Piment, ½ TL Salz, ¼ TL Pfeffer dazugeben. 10 Sek./Stufe 5–10 stufenweise ansteigend pürieren. Mit Blättchen von 1 Kästchen Kresse dekorieren.

Zubereitung: 10 Min. + 15 Min. Garen
Pro Portion ca. 205 kcal, 5 g EW, 10 g F, 23 g KH

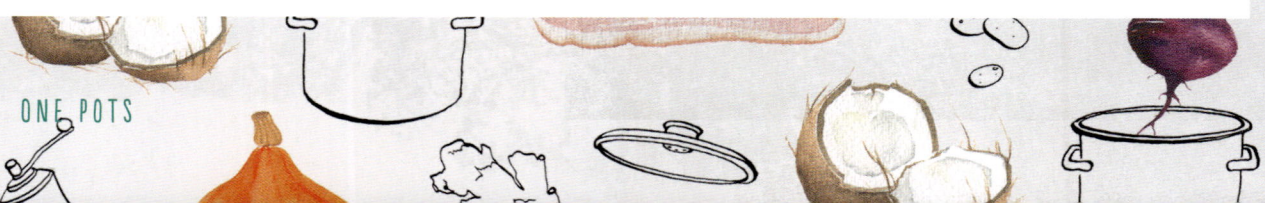

Wärmend im Winter, erfrischend im Sommer – feine Gemüsecremesuppen schmecken großen und kleinen Suppenkaspern rund ums Jahr. Die Gaumenschmeichler am besten mit einer Scheibe frisch gebackenem Brot servieren.

Cremige
LAUCHSUPPE
mit Lachs

FÜR 4 PERSONEN
2 Stangen Lauch (ca. 400 g) | 1 Petersilienwurzel
(ca. 80 g; ersatzweise 1 Stück Knollensellerie) |
250 g mehligkochende Kartoffeln | 15 g Rapsöl (3 TL) |
10 g Instant-Gemüsebrühe | 200 g Sahne | ½ Bund
Schnittlauch | 100 g Räucherlachs | ½ TL mildes
Currypulver | Salz | Pfeffer
Zubereitung: 20 Min. + 15 Min. Garen
Pro Portion ca. 290 kcal, 9 g EW, 23 g F, 13 g KH

1 Lauch putzen, gründlich waschen und in ca. 3 cm lange Stücke schneiden. Petersilienwurzel sowie Kartoffeln schälen und in ca. 3 cm große Stücke schneiden. Vorbereitetes Gemüse im Mixtopf 30 Sek./Stufe 6 zerkleinern, dabei mit dem Spatel durch die Deckelöffnung rühren. Darauf achten, dass keine Stücke mehr im Mixtopf sind, evtl. 10 Sek./Stufe 6 weitermixen.

2 Öl hinzufügen und alles 5 Min./120°/Stufe 2 dünsten. Brühe, 500 g Wasser und Sahne dazugeben und 15 Min./100°/Stufe 2 weitergaren, dabei statt des Messbechers den Gareinsatz als Spritzschutz auf den Mixtopfdeckel stellen.

3 Schnittlauch waschen, trocken tupfen und in feine Röllchen schneiden. Lachs in ½ cm breite Streifen schneiden. Suppe mit Curry, 1–2 TL Salz sowie ½ TL Pfeffer würzen und 30 Sek./Stufe 4–8 stufenweise ansteigend pürieren. Auf Teller verteilen und mit Lachs und Schnittlauch bestreuen.

Würzige
BÄRLAUCHSUPPE
mit Röstzwiebeln

FÜR 4 PERSONEN
1 Bund Frühlingszwiebeln (ca. 130 g) | 10 g Rapsöl
(1 EL) | 30 g Mehl | 15 g Instant-Gemüsebrühe |
1 Bund Bärlauch | 100 g Sahne | 1 Eigelb (M) |
2 EL Röstzwiebeln (Fertigpodukt)
Zubereitung: 25 Min.
Pro Portion ca. 210 kcal, 4 g EW, 16 g F, 13 g KH

1 Die Frühlingszwiebeln putzen, waschen, in 3 cm lange Stücke schneiden und im Mixtopf 5 Sek./Stufe 5 hacken. Das Mixgut mit dem Spatel am Topfrand nach unten schieben. Das Öl hinzufügen und die Zwiebeln 3 Min./120°/Stufe 1 dünsten. Das Mehl daraufstreuen und 3 Min./100°/Stufe 1 anschwitzen. Instant-Brühe sowie 700 g Wasser hinzufügen und alles 7 Min./90°/Stufe 4 kochen.

2 Den Bärlauch verlesen, waschen und grob schneiden. Die Hälfte des Bärlauchs mit 50 g Sahne in den Mixtopf geben. Die Suppe zunächst 7 Min./90°/Stufe 1 garen, dann 20 Sek./Stufe 4–8 stufenweise ansteigend fein und cremig pürieren.

3 Restlichen Bärlauch mit einem Messer von Hand fein schneiden und zur Suppe in den Mixtopf geben. Das Eigelb mit der restlichen Sahne verquirlen und hinzufügen. Die Suppe 3 Min./90°/Stufe 1 erhitzen. Mit Röstzwiebeln bestreut servieren.

mit Knuspertopping

KARTOFFELSUPPE
mit Schinken

Weiße
BOHNENSUPPE

FÜR 4 PERSONEN

75 g roher geräucherter Schinken (am Stück) |
1 Zwiebel | 5 g Öl (1 TL) | 400 g mehligkochende
Kartoffeln | 300 g Möhren | 1 Apfel | 1 kleine Stange
Lauch | ½ Bund Schnittlauch | 70 g Crème fraîche |
½ TL mildes Currypulver | 1 Msp. gemahlener
Kardamon (nach Belieben) | Salz | Pfeffer |
1 EL Croûtons (nach Belieben)
Zubereitung: 30 Min. + 2 Std. Tiefkühlen
+ 20 Min. Garen
Pro Portion ca. 190 kcal, 7 g EW, 9 g F, 20 g KH

1 Schinken von Schwarte und Knorpeln befreien, in
2 cm große Stücke schneiden und ca. 2 Std. tiefkühlen.
Zwiebel schälen, halbieren und im Mixtopf 3 Sek./Stu-
fe 5 hacken. Mit dem Spatel am Topfrand nach unten
schieben. Öl hinzufügen und alles 3 Min./120°/Stufe 1
dünsten. Schinken dazugeben und 10 Sek./Stufe 8 hacken (Achtung laut!). Mixgut mit dem Spatel nach unten schieben, dann 6 Min./120°/Stufe 1 dünsten.

2 Kartoffeln sowie Möhren schälen und in ca. 3 cm
große Stücke schneiden. Apfel waschen und vierteln,
dabei das Kerngehäuse entfernen. Kartoffeln, Möhren
und Apfel zur Schinkenmischung in den Mixtopf geben und 3 Sek./Stufe 6 hacken. 800 g Wasser angießen
und alles 20 Min./100°/Stufe 2 garen.

3 Lauch putzen, gründlich waschen und in feine Ringe schneiden. Schnittlauch waschen, trocken tupfen
und in Röllchen schneiden. Suppe 10 Sek./Stufe 4–8
stufenweise ansteigend pürieren. Crème fraîche und
Lauch 10 Sek./Stufe 3 unterrühren. Suppe mit Curry,
Kardamom, 1 TL Salz sowie 1 Msp. Pfeffer würzen. Mit
Schnittlauch und nach Belieben Croûtons anrichten.

FÜR 4 PERSONEN

80 g roher geräucherter Schinken (am Stück) |
1 Zwiebel | 10 g Rapsöl (1 EL) | 300 g Möhren |
400 g festkochende Kartoffeln | 1 Dose weiße Bohnen
(500 g Abtropfgewicht) | 15 g Instant-Gemüsebrühe |
1 TL gemahlener Kreuzkümmel | Salz | Pfeffer |
3 Stängel glatte Petersilie | 100 g Crème fraîche
(ersatzweise Schmand)
Zubereitung: 20 Min. + 2 Std. Tiefkühlen
+ 20 Min. Garen
Pro Portion ca. 285 kcal, 10 g EW, 13 g F, 31 g KH

1 Schinken von Schwarte und Knorpeln befreien, in
2 cm große Stücke schneiden und ca. 2 Std. tiefkühlen. Dann im Mixtopf 5 Sek./Stufe 8 hacken (Achtung laut!). Zwiebel schälen, halbieren, hinzufügen
und 3 Sek./Stufe 5 hacken. Mixgut mit dem Spatel am
Topfrand nach unten schieben. Öl dazugeben und alles 10 Min./120°/Stufe 1 dünsten.

2 Möhren und Kartoffeln schälen und in 3 cm große
Stücke schneiden. In den Mixtopf geben und 3 Sek./
Stufe 5 stückig hacken. Bohnen in den Gareinsatz abgießen, mit Wasser abbrausen und mit Brühe sowie
750 g Wasser zur Kartoffelmischung geben. Die Suppe
20 Min./100°/Linkslauf / Stufe 1 garen.

3 Mit Kreuzkümmel, 1 TL Salz und 1 Msp. Pfeffer
würzen. Petersilie waschen, trocken tupfen und mit
einem Messer von Hand hacken. Die Suppe mit der
Petersilie und Crème fraîche anrichten.

Italienische
FENCHELSUPPE
mit Reis

FÜR 4 PERSONEN

30 g Parmesan
½ Bund glatte Petersilie
1 Zwiebel
1 Knoblauchzehe
15 g Olivenöl (3 TL)
2 kleine Knollen Fenchel
(mit Grün)
50 g Langkornreis
15 g Instant-Gemüsebrühe
1 Dose Kichererbsen
(265 g Abtropfgewicht)
Salz | Pfeffer
2 Scheiben Toastbrot

Zubereitung: 15 Min.
+ 40 Min. Garen
Pro Portion ca. 205 kcal,
8 g EW, 8 g F, 25 g KH

1 Den Parmesan in 2 cm große Stücke schneiden, im Mixtopf 10 Sek./Stufe 10 hacken und in ein Schälchen umfüllen. Petersilie waschen, gut trocken tupfen und von groben Stielen befreien. Im Mixtopf 3 Sek./Stufe 8 hacken, umfüllen und beiseitestellen.

2 Die Zwiebel schälen und halbieren, den Knoblauch schälen. Zwiebel und Knoblauch mit 5 g Olivenöl (1 TL) im Mixtopf 6 Sek./Stufe 5 hacken. Das Mixgut mit dem Spatel am Topfrand nach unten schieben, dann 4 Min./120°/Stufe 1 dünsten.

3 Vom Fenchel das Grün abzupfen, waschen, klein schneiden und beiseitestellen. Die Knollen putzen, waschen und vierteln, dabei den harten Strunk entfernen. Fenchel in 3 cm große Stücke schneiden, zu den Zwiebeln in den Mixtopf geben und 6 Sek./Stufe 5 hacken.

4 Das Mixgut mit dem Spatel am Topfrand nach unten schieben. Den Reis und 5 g Olivenöl (1 TL) dazugeben und alles 3 Min./120°/Linkslauf/Stufe 1 dünsten. Brühe sowie 800 g Wasser dazugeben. Die Kichererbsen in den Gareinsatz abgießen und dazugeben. Die Suppe mit 1 TL Salz sowie ½ TL Pfeffer würzen und 40 Min./90°/Linkslauf/Sanftrührstufe garen.

5 Inzwischen das Toastbrot in ca. ½ cm große Würfel schneiden. Das restliche Öl in einer beschichteten Pfanne erhitzen und die Brotwürfel darin in ca. 5 Min. goldbraun und knusprig rösten. Die Croûtons abkühlen lassen. Petersilie unter die gekochte Suppe rühren. Die Suppe mit dem Fenchelgrün garnieren und mit Parmesan bestreuen. Mit den Croûtons servieren.

Bauchschmeichler-
Süppchen

Veggie-
BORSCHTSCH
mit Schmand

FÜR 4 PERSONEN

2 Zwiebeln
300 g Weißkohl
10 g Rapsöl (1 EL)
500 g Rote Bete (roh)
1 große Möhre (ca. 100 g)
1 kleines Stück Knollensellerie
(ca. 80 g)
400 g festkochende Kartoffeln
1 kleine Stange Lauch (ca. 80 g)
15 g Instant-Gemüsebrühe
2 Lorbeerblätter
10 g Apfelessig (1 EL)
½ TL gemahlener Koriander
½ TL gemahlener Piment
Salz | Pfeffer
200 g Schmand

Zubereitung: 30 Min.
+ 20 Min. Garen
Pro Portion ca. 290 kcal,
7 g EW, 15 g F, 30 g KH

1 Die Zwiebeln schälen, halbieren und im Mixtopf 3 Sek./Stufe 5 hacken. Den Weißkohl putzen, waschen, in 3 cm große Stücke schneiden, zu den Zwiebeln in den Mixtopf geben und alles 3 Sek./Stufe 5 weiterhacken. Das Mixgut mit dem Spatel am Topfrand nach unten schieben. Das Öl dazugeben und das Gemüse 5 Min./120°/Stufe 1 dünsten.

2 Die Rote Bete schälen, am besten mit Einweghandschuhen, und in 3 cm große Stücke schneiden. Möhre und Sellerie schälen und in 3 cm große Stücke schneiden. Rote Bete, Möhren und Sellerie zur Zwiebelmischung in den Mixtopf geben und 3 Sek./Stufe 5 hacken.

3 Die Kartoffeln schälen und in 1 cm große Würfel schneiden. Den Lauch putzen, gründlich waschen und in feine Streifen schneiden. Brühe, 800 g Wasser und Lorbeerblätter zum gehackten Gemüse in den Mixtopf geben und ca. 5 Min./100°/Linkslauf / Sanftrührstufe garen. Kartoffeln und Lauch in den laufenden Thermomix geben und alles in 15 Min. fertig garen.

4 Zum Ende der Garzeit den Eintopf mit Essig, Koriander, Piment, 2 TL Salz und ½ TL Pfeffer würzen. Den Veggie-Borschtsch mit Schmand servieren.

TIPP

Lauchstangen enthalten zwischen ihren einzelnen hell- und dunkelgrünen Blattteilen meist Erde. Zum Waschen sollten Sie die Stangen deshalb längs bis zur Mitte einschneiden – so lassen sich Verunreinigungen gut herausspülen.

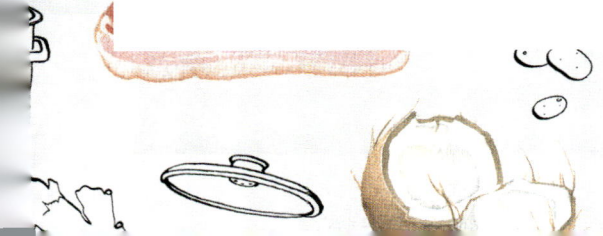
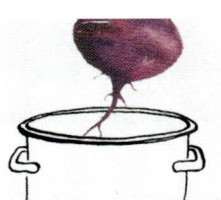
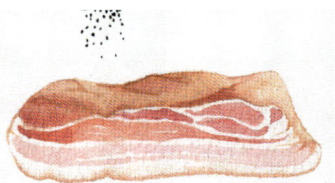
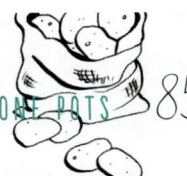

Mildes
THAI-CURRY
mit roten Linsen

FÜR 4 PERSONEN

2 Zwiebeln
2 große Möhren
400 g festkochende Kartoffeln
400 g Brokkoli
10 g Rapsöl (1 EL)
10 g Instant-Gemüsebrühe
150 g Kokosmilch
15 g milde Currypaste (2 TL;
Asia-Laden, ersatzweise
2 TL mildes Currypulver)
250 g rote Linsen
½ Bio-Limette
Salz | Pfeffer

Zubereitung: 30 Min.
Pro Portion ca. 355 kcal,
23 g EW, 4 g F, 56 g KH

1 Die Zwiebeln schälen, halbieren und im Mixtopf 6 Sek./Stufe 4 hacken. Mit dem Spatel am Topfrand nach unten schieben und dann 4 Min./120°/Stufe 1 dünsten.

2 Die Möhren schälen, in 3 cm große Stücke schneiden, in den Mixtopf geben und 3 Sek./Stufe 6 weiterhacken. Die Kartoffeln schälen, in 3 cm große Stücke schneiden, ebenfalls in den Mixtopf geben und 1 Sek./Stufe 5 hacken. Von den Kartoffeln und Möhren sollten noch große Stücke zu sehen sein.

3 Den Brokkoli putzen und waschen. Die Röschen abschneiden. Den Strunk schälen und klein würfeln. Die Brokkoliröschen und -würfel sowie das Öl in den Mixtopf geben und alles 5 Min./120°/ Linkslauf / Sanftrührstufe unter Rühren mit dem Spatel dünsten.

4 Brühe, 500 g Wasser und Kokosmilch hinzufügen. Currypaste und Linsen dazugeben. Das Curry 20 Min./120°/Linkslauf / Sanft-rührstufe weitergaren.

5 Die Limette waschen und trocken reiben, die Schale in das Curry reiben. Das Curry mit 1 ½ TL Salz und 1 Msp. Pfeffer würzen. Nach Belieben den Saft der Limette auspressen und das Curry mit ca. 15 g davon abschmecken.

TIPPS

Limettensaftreste ergeben mit der fünffachen Menge Wasser aufge-gossen ein erfrischendes Getränk.
Das Curry ist relativ mild – wer es gern schärfer mag, verwendet einfach eine scharfe Currypaste.

lecker obendrauf:
Thai-Basilikum aus
dem Asia-Laden

Orientalischer
WIRSINGEINTOPF

FÜR 4 PERSONEN

1 Stück Ingwer (2 cm lang) | 40 g getrocknete Feigen |
40 g Datteln (entsteint) | 40 g getrocknete
Pflaumen (entsteint) | ½ Wirsing (ca. 700 g) |
2 Zwiebeln | 15 g Olivenöl (3 TL) | 250 g Möhren |
250 g festkochende Kartoffeln | 1 Dose Kokos-
milch (400 g) | 5 g Instant-Gemüsebrühe |
1 TL mildes Currypulver | 1 TL gemahlene Kurkuma |
½ TL gemahlener Kreuzkümmel | Salz | Pfeffer
Zubereitung: 30 Min.
Pro Portion ca. 225 kcal, 9 g EW, 5 g F, 35 g KH

1 Ingwer schälen und grob schneiden. Von den Feigen die Stiele entfernen. Ingwer, Feigen, Datteln und
Pflaumen im Mixtopf 4 Sek./Stufe 7 hacken. Umfüllen.

2 Wirsing putzen, vom Strunk befreien, vierteln und
waschen. Wirsing in 3 cm große Stücke schneiden und
in drei Chargen im Mixtopf 2 Sek./Stufe 5 hacken. In
den Varoma-Behälter füllen. Zwiebeln schälen, halbieren und im Mixtopf 2 Sek./Stufe 5 hacken. 5 g Öl (1 TL)
dazugeben und alles 3 Min./120°/Stufe 1 dünsten.

3 Möhren und Kartoffeln schälen, in 3 cm große Stücke schneiden, in den Mixtopf zu den Zwiebeln geben
und 2 Sek./Stufe 5 hacken. Restliches Öl dazugeben
und das Gemüse 4 Min./120°/Stufe 1 dünsten. Kokosmilch, Brühe, 200 g Wasser, Trockenfrüchte und Ingwer hinzufügen. Mit Currypulver, Kurkuma, Kreuzkümmel, 1 TL Salz und ½ TL Pfeffer würzen.

4 Den Varoma-Behälter mit dem Wirsing auf den
Mixtopf setzen. Den Wirsing 20 Min./Varoma/Stufe 1
dampfgaren. Den Wirsing mit dem Inhalt des Mixtopfs mischen. Dazu passt Couscous.

Spitzkohl-
CURRY-TOPF
mit Nudeln

FÜR 4 PERSONEN

30 g Parmesan (nach Belieben) |
1 Bund Frühlingszwiebeln (ca. 80 g) |
1 kleiner Spitzkohl (ca. 600 g) | 300 g Tomaten |
10 g Instant-Gemüsebrühe | 1 TL mildes Currypulver |
50 g Sahne | 200 g Suppennudeln | Salz |
Pfeffer | ½ Bund Schnittlauch
Zubereitung: 30 Min.
Pro Portion ca. 295 kcal, 12 g EW, 8 g F, 43 g KH

1 Nach Belieben Parmesan in 2 cm große Stücke
schneiden und im Mixtopf 10 Sek./Stufe 10 hacken,
umfüllen. Frühlingszwiebeln putzen und waschen.
Den Thermomix auf 15 Sek./Stufe 5 einschalten und
die Frühlingszwiebeln durch die Öffnung im Mixtopfdeckel in das laufende Gerät gleiten lassen und hacken.

2 Den Spitzkohl putzen, vierteln, vom Strunk befreien
und waschen. Die Viertel in 3 cm große Stücke schneiden und in den Mixtopf geben. Zunächst 12 Sek./Stu-
fe 5 hacken, dann 5 Min./100°/Linkslauf/Stufe 1 garen.

3 Die Tomaten waschen und würfeln, dabei jeweils
den Stielansatz entfernen. Tomatenwürfel, Brühe,
400 g Wasser, Curry, Sahne, Nudeln, ½ TL Salz und
1 Msp. Pfeffer in den Mixtopf geben. Alles 7 Min./100°/
Linkslauf/Stufe 1 garen, dabei gelegentlich durch die
Deckelöffnung mit dem Spatel im Mixtopf rühren.

4 Schnittlauch waschen, trocken tupfen und in Röllchen schneiden. Eintopf damit bestreuen und nach
Belieben mit Parmesan servieren.

Würzig, aber nicht scharf

Ob groß oder klein –

PASTA

schmeckt jedem

Vor dem Anschneiden
10 Min. ruhen lassen!

LASAGNE
mit Hackfleisch und Gemüse

FÜR 4 PERSONEN

120 g Parmesan
2 Möhren (ca. 180 g)
2 Zwiebeln (ca. 180 g)
1 große Pastinake (ca. 180 g)
20 g Olivenöl (2 EL)
500 g Rinderhackfleisch
70 g Tomatenmark
100 g Tomatenketchup
1 EL getrockneter Thymian
Salz | Pfeffer
250 g Lasagne-Nudelblätter
(ohne Vorkochen)
30 g Butter

Für die Béchamelsauce:

500 g Milch | 80 g Mehl
40 g weiche Butter
Salz | Pfeffer
frisch geriebene Muskatnuss

Zubereitung: 15 Min.
+ 44 Min. Garen
+ 20 Min. Backen
Pro Portion ca. 1010 kcal,
49 g EW, 53 g F, 86 g KH

1 Den Parmesan in ca. 3 cm große Stücke schneiden und im Mixtopf 6 Sek./Stufe 10 zerkleinern. Dann den Käse in ein Schälchen umfüllen und beiseitestellen.

2 Möhren, Zwiebeln sowie Pastinake schälen, in ca. 2 cm große Stücke schneiden und im Mixtopf 3 Sek./Stufe 6 hacken. Das Öl hinzufügen und das Gemüse ohne Messbecher 4 Min./120°/Linkslauf / Sanftrührstufe dünsten.

3 Hackfleisch, Tomatenmark, Ketchup und 125 g Wasser hinzufügen. Mit Thymian, 1 TL Salz und ¼ TL Pfeffer würzen. Unter gelegentlichem Rühren mit dem Spatel 25 Min./100°/Linkslauf / Stufe 1 garen, dabei statt des Messbechers den Gareinsatz als Spritzschutz auf die Öffnung des Mixtopfdeckels stellen. Mischung umfüllen.

4 Den Mixtopf spülen. Für die Béchamelsauce Milch, Mehl, Butter, 250 g Wasser, ¼ TL Salz sowie je 1 gute Prise Pfeffer und Muskatnuss in den Mixtopf geben und alles ohne Messbecher 15 Min./100°/ Stufe 3 garen.

5 Den Backofen auf 200° vorheizen. Das Hackfleischragout sowie die Béchamel nochmals mit Salz und Pfeffer abschmecken. Beides abwechselnd mit den Nudelblättern und dem Parmesan in eine eckige Auflaufform schichten, dabei mit etwas Béchamel beginnen und mit Béchamel sowie Parmesan abschließen. Die Butter in Flöckchen darauf verteilen. Die Lasagne im Ofen (Mitte) in ca. 20 Min. goldbraun backen.

SAHNESAUCEN
für Spaghetti

SCHINKENSAHNE
FÜR 4 PERSONEN

400 g Spaghetti in reichlich Salzwasser bissfest garen. 1 Zwiebel (ca. 100 g) schälen, vierteln, im Mixtopf 5 Sek./Stufe 5 zerkleinern. Nach unten schieben. 150 g Kochschinken würfeln, mit 20 g Butter hinzufügen. Ohne Messbecher 5 Min./120°/Stufe 1 garen. 150 g Sahne zum Kochen, 2 EL Schnittlauchröllchen und 1 TL Mehl dazugeben. 8 Min./90°/Linkslauf / Stufe 1 garen. Salzen und pfeffern, mit den abgetropften Spaghetti mischen. Schnittlauch daraufstreuen.

Zubereitung: 20 Min.
Pro Portion ca. 555 kcal, 20 g EW, 19 g F, 74 g KH

LACHSSAHNE
FÜR 4 PERSONEN

400 g Spaghetti in Salzwasser garen. 150 g Zucchini putzen, waschen, würfeln, im Mixtopf 3 Sek./Stufe 4 zerkleinern. 150 g Sahne zum Kochen, 5 g Instant-Gemüsebrühe, 5 g Mehl und 1 Prise Pfeffer dazugeben. 4 Min./90°/Sanftrührstufe garen. 250 g Lachsfilet (in Streifen), 2 EL Limettensaft, ½ TL abgeriebene Bio-Limettenschale, je 1 Prise Salz und Pfeffer dazugeben. 2 Min./80°/Linkslauf / Sanftrührstufe garen. Mit den abgetropften Spaghetti anrichten.

Zubereitung: 20 Min.
Pro Portion ca. 600 kcal, 24 g EW, 23 g F, 73 g KH

ERBSEN-KÄSE-CREME
FÜR 4 PERSONEN

400 g Spaghetti in reichlich Salzwasser bissfest garen. 1 Zwiebel (ca. 100 g) schälen und vierteln. 100 g Emmentaler würfeln, beides im Mixtopf 6 Sek./Stufe 5 zerkleinern. Nach unten schieben. 150 g TK-Erbsen, 150 g Schmand, 100 g Milch sowie je 1 Prise Salz und Pfeffer dazugeben. 10 Min./90°/Linkslauf / Stufe 1 köcheln lassen. 2 EL Instant-Haferflocken hinzufügen, noch 1 Min./100°/Linkslauf / Stufe 1 garen. Sauce mit den abgetropften Spaghetti mischen.

Zubereitung: 20 Min.
Pro Portion ca. 605 kcal, 23 g EW, 21 g F, 81 g KH

SPINATCREME
FÜR 4 PERSONEN

400 g Spaghetti in reichlich Salzwasser bissfest garen. 1 Zwiebel (ca. 100 g) und 1 Knoblauchzehe schälen, würfeln, im Mixtopf 5 Sek./Stufe 5 hacken. Nach unten schieben. 250 g TK-Blattspinat (aufgetaut, gehackt), 100 g Gemüsefond und 150 g Crème fraîche dazugeben, mit ¼ TL Salz und 1 Prise Pfeffer würzen. 5 Min./100°/Stufe 2 garen. 1 TL Speisestärke mit wenig Wasser glatt rühren, dazugeben, 3 Min./100°/Stufe 2 garen. Mit den abgetropften Spaghetti anrichten.

Zubereitung: 20 Min.
Pro Portion ca. 510 kcal, 13 g EW, 17 g F, 75 g KH

Spaghetti mit Sahnesauce gehen eigentlich immer: Ob mit Schinken, Erbsen, Lachs oder Spinat - mit dem Thermomix ist jede Variante blitzschnell fertig und garantiert ebenso schnell verputzt. Reste? Gibt es nicht!

Die haben wir
selbst gemacht!

Rote
TAGLIATELLE
mit Kräutersauce

FÜR 4 PERSONEN

Für den Teig:

300 g Mehl (evtl. etwas mehr)

Salz

20 g Olivenöl

40 g Tomatenmark

3 Eier (M)

Für die Sauce:

1 große Zwiebel (ca. 120 g)

1 rote Chilischote

70 g gemischte Kräuter

(z. B. Petersilie, Kerbel, Sauer-

ampfer, Borretsch, Pimpinelle)

80 g Olivenöl

Salz | Pfeffer

Außerdem:

8 Kirschtomaten

Zubereitung: 30 Min.

+ 30 Min. Ruhen

Pro Portion ca. 585 kcal,

16 g EW, 32 g F, 58 g KH

1 Für den Nudelteig Mehl, 1 TL Salz, Olivenöl und Tomatenmark in den Mixtopf geben. Die Eier dazugeben und alles 2 Min./Teigstufe kneten. Teig auf die Arbeitsfläche geben und mit den Händen kurz durchkneten, dabei eventuell noch etwas Mehl unterarbeiten, bis der Teig schön geschmeidig ist und nicht mehr klebt. Teig zu einer Kugel formen und in Frischhaltefolie gewickelt bei Zimmertemperatur ca. 30 Min. ruhen lassen.

2 Den Teig noch einmal durchkneten, mit der Nudelmaschine nach und nach dünn auswalzen und zu Bandnudeln schneiden. Fertige Nudeln auf einem bemehlten Küchentuch ausbreiten.

3 Für die Sauce die Zwiebel schälen und achteln. Die Chilischote putzen, längs aufschneiden, entkernen, waschen und dritteln. Zwiebel und Chili in den Mixtopf geben. Die Kräuter waschen und gut trocken tupfen. Die Blättchen abzupfen und ebenfalls in den Mixtopf geben. Alles 8 Sek./Stufe 8 zerkleinern, dabei zwischendurch einmal mit dem Spatel nach unten schieben. Das Öl und ¼ TL Salz sowie 1 gute Prise Pfeffer dazugeben. Die Sauce 4 Min./100°/Linkslauf/ Stufe 1 garen.

4 Gleichzeitig die Nudeln in einem Topf in reichlich kochendem Salzwasser in 2–3 Min. bissfest garen. Die Kochzeit variiert je nach Teigdicke – am besten alle 30 Sek. testen. Die Kirschtomaten waschen und vierteln. Die Nudeln in einem Sieb gut abtropfen lassen. Die Sauce nochmals mit Salz sowie Pfeffer abschmecken. Nudeln, Sauce und Tomaten in einer großen Schüssel mischen.

FARFALLE
mit Möhrencreme

FÜR 4 PERSONEN
1 Bund Möhren (mit Grün) | 20 g Butter | 10 g Honig |
10 g Instant-Gemüsebrühe | 100 g Sahne zum Kochen |
Pfeffer | 400 g Farfalle | Salz | 200 g kleine geschälte
gegarte Garnelen
Zubereitung: 30 Min.
Pro Portion ca. 570 kcal, 24 g EW, 15 g F, 84 g KH

1 Die Möhren mit dem Grün waschen. 8 Stängel Möhrengrün abnehmen, gut trocken tupfen und im Mixtopf 3 Sek./Stufe 8 hacken. In ein Schälchen umfüllen und beiseitestellen.

2 Die Möhren schälen, ca. 2 cm groß schneiden und im Mixtopf 4 Sek./Stufe 5 zerkleinern. Die Butter dazugeben und alles 3 Min./100°/Stufe 1 dünsten.

3 Honig, Brühe, Sahne, 150 g Wasser sowie 1 gute Prise Pfeffer zu den Möhren geben und alles 10 Min./100°/Stufe 1 weitergaren. Inzwischen die Farfalle nach Packungsanweisung in reichlich kochendem Salzwasser bissfest garen.

4 Möhren 15–20 Sek./Stufe 6–10 stufenweise ansteigend pürieren. Die Garnelen und das Möhrengrün hinzufügen und alles noch 2 Min./100°/Linkslauf / Sanftrührstufe erhitzen. Die abgetropften Nudeln mit der Möhrencreme servieren.

VARIANTE

Die Garnelen in einer kleinen Pfanne in etwas Öl braten und über die anderen Zutaten geben.

LINSENNUDELN
mit Kräutercreme

FÜR 4 PERSONEN
1 Bund Petersilie | 1 Bund Basilikum | 1 Handvoll
Blattspinat | 400 g Seidentofu | 5 g Mehl |
10 g Olivenöl | Salz | Pfeffer | 1 EL Zitronensaft |
450 g bunte Linsennudeln (großer Supermarkt
oder Bioladen; ersatzweise andere Nudeln) |
1 Dose Kichererbsen (400 g) | 20 g geröstete
gesalzene Erdnusskerne
Zubereitung: 20 Min.
Pro Portion ca. 530 kcal, 37 g EW, 10 g F, 68 g KH

1 Kräuter und Spinat waschen, gut trocken schleudern und ohne die groben Stiele im Mixtopf 5 Sek./Stufe 8 hacken. Seidentofu, Mehl, Öl, ¼ TL Salz, 1 Prise Pfeffer sowie Zitronensaft dazugeben. Alles 5 Min./95°/Stufe 2 vermischen und erhitzen.

2 Inzwischen die Linsennudeln nach Packungsanweisung in leicht gesalzenem Wasser garen, dabei die Kichererbsen (egal, ob abgetropft oder mit Sud) in der letzten Minute mit dazugeben. Beides anschließend gut abtropfen lassen.

3 Die Sauce 2 Sek./Stufe 8 pürieren und nochmals mit Salz sowie Pfeffer abschmecken. Die Nudeln mit der Sauce anrichten und mit Erdnüssen bestreuen.

NUDELAUFLÄUFE
Von allen heiß geliebt

BROKKOLI-SCHINKEN-RIGATONI
FÜR 4 PERSONEN

Backofen auf 200° vorheizen. 350 g Rigatoni in Salzwasser bissfest garen. 250 g Brokkoliröschen im Varoma 15 Min./Varoma/Stufe 1 garen. Mit abgetropften Nudeln, 150 g Kochschinken (in Würfeln) und etwas Pfeffer in einer Auflaufform mischen. Mixtopf abtrocknen. 1 Brötchen vom Vortag würfeln, mit 50 g Mandeln ca. 15 Sek./Stufe 7 zerkleinern, über die Nudeln streuen. 75 g Butter in Flöckchen daraufgeben. Im Ofen (Mitte) 10 Min. überbacken.

Zubereitung: 25 Min.+ 10 Min. Backen
Pro Portion ca. 615 kcal, 24 g EW, 26 g F, 72 g KH

SPINAT-KÄSE-ORECCHIETTE
FÜR 4 PERSONEN

Backofen auf 200° vorheizen. 200 g Blattspinat putzen, waschen. 350 g Orecchiette in Salzwasser bissfest garen, Spinat in den letzten 5 Sek. mitgaren. Abgießen, in eine Auflaufform geben. 150 g Zwiebeln schälen, vierteln, im Mixtopf 4 Sek./Stufe 5 hacken. 20 g Öl und 1 Prise Pfeffer dazugeben, 5 Min./100°/Stufe 1 garen. 20 g Mehl, 150 g Sahne und 100 g Gorgonzola hinzufügen, 5 Min./95°/Stufe 1 garen. Über die Nudeln geben, mit 30 g Kürbiskernen bestreuen. Im Ofen (Mitte) 20 Min. überbacken.

Zubereitung: 20 Min. + 20 Min. Backen
Pro Portion ca. 630 kcal, 19 g EW, 30 g F, 70 g KH

MAC 'N' CHEESE
FÜR 4 PERSONEN

Backofen auf 200° vorheizen. Je 100 g Parmesan und Cheddar grob würfeln, 4 Sek./Stufe 9 zerkleinern, umfüllen. 120 g Zwiebeln schälen, vierteln, 3 Sek./Stufe 5 hacken, nach unten schieben. 500 g Milch, 20 g Butter, 30 g Mehl, ½ TL Salz und 1 TL getrockneten Thymian dazugeben, 8 Min./100°/Stufe 2 garen. 300 g Hörnchennudeln in Salzwasser bissfest garen, abtropfen lassen. Mit der Sauce und der Hälfte des Käses in einer Auflaufform mischen. 100 g Kirschtomaten waschen, halbieren, darauflegen. Übrigen Käse daraufstreuen. Im Ofen (Mitte) 30 Min. überbacken.

Zubereitung: 20 Min. + 30 Min. Backen
Pro Portion ca. 510 kcal, 22 g EW, 17 g F, 67 g KH

TOMATEN-FETA-FETTUCCINE
FÜR 4 PERSONEN

Backofen auf 200° vorheizen. 1200 g Wasser mit 10 g Salz im Mixtopf in 9 Min./100°/Stufe 1 aufkochen, 300 g Fettuccine (Garzeit 6 Min.) in 6 Min./95°/Stufe 1 bissfest garen. 120 g getrocknete Tomaten klein schneiden, mit den abgetropften Nudeln in einer Auflaufform mischen. 200 g Feta darüberbröckeln, mit 1 EL Olivenöl beträufeln, mit ½ TL getrocknetem Majoran bestreuen. Im Ofen (Mitte) 20 Min. backen.

Zubereitung: 30 Min. + 20 Min. Backen
Pro Portion ca. 465 kcal, 21 g EW, 14 g F, 59 g KH

Nur wenige Minuten Vorbereitungszeit und schon wandern die Nudeln als
Auflauf in den Ofen – der übernimmt dann den Rest der Arbeit und sorgt für eine
verlockend goldgelbe Kruste. Am liebsten täglich, bitte!

Kunterbunte
GEMÜSEFUSILLI

ASIA-NUDELN
mit Soja-Ingwer-Sugo

FÜR 4 PERSONEN
100 g alter Gouda | 1 Kohlrabi | 200 g Möhren |
1 zarte Stange Lauch | 100 g Zuckerschoten | Salz |
350 g bunte Fusilli (Garzeit 9 Min.) | Pfeffer
Zubereitung: 15 Min. + 19 Min. Garen
Pro Portion ca. 410 kcal, 17 g EW, 7 g F, 68 g KH

1 Den Gouda in ca. 2 cm große Stücke schneiden und im Mixtopf 10 Sek./Stufe 5 zerkleinern. In ein Schälchen umfüllen. Das Gemüse putzen und waschen bzw. schälen. Kohlrabi sowie Möhren in ca. 3 cm große Stücke schneiden und im Mixtopf 2 Sek./Stufe 5 hacken. Lauch in Ringe schneiden, Zuckerschoten schräg halbieren. Alle Gemüsesorten im Varoma-Behälter und Einlegeboden verteilen.

2 1200 g Wasser und 15 g Salz in den Mixtopf geben, den Deckel auflegen und den abgedeckten Varoma-Behälter aufsetzen. Das Gemüse 10 Min./Varoma/Stufe 1 erhitzen. Den Varoma abheben.

3 Die Nudeln in den Mixtopf geben, den Varoma wieder aufsetzen und alles 9 Min./Varoma/Linkslauf/Stufe 1 garen. Die Nudeln abtropfen lassen, in einer Schüssel mit dem Gemüse mischen und mit dem zerkleinerten Käse bestreuen.

FÜR 4 PERSONEN
125 g Sojaschnetzel (fein) |
100 g Mungobohnenkeime | 200 g Zwiebeln |
50 g Ingwer | 30 g Rapsöl | 1 EL Kreuzkümmelsamen |
250 g Pak Choi | 4 EL Sojasauce | 200 g Instant-Eier-
Mie-Nudeln | Salz | Pfeffer
Zubereitung: 30 Min.
Pro Portion ca. 375 kcal, 23 g EW, 10 g F, 48 g KH

1 Das Sojaschnetzel in einer Schüssel mit 500 g heißem Wasser übergießen und ca. 10 Min. quellen lassen. Die Mungobohnenkeime in einem Sieb kalt abbrausen und abtropfen lassen.

2 Zwiebeln und Ingwer schälen. Ingwer grob würfeln und im Mixtopf 2 Sek./Stufe 6 hacken. Zwiebeln vierteln, dazugeben und alles weitere 3 Sek./Stufe 5 zerkleinern. Öl und Kreuzkümmel hinzufügen und alles ohne Messbecher ca. 5 Min./120°/Stufe 1 dünsten.

3 Den Pak Choi putzen, waschen und in breite Streifen schneiden. Im Varoma-Behälter verteilen, dabei einige Luftschlitze offen lassen. Die eingeweichten Sojaschnetzel mit der Flüssigkeit und der Sojasauce zu den Zwiebeln in den Mixtopf geben, den Varoma aufsetzen und zudecken. Alles 15 Min./Varoma/Linkslauf/Sanftrührstufe garen.

4 Die Nudeln in einer Schüssel mit kochendem Wasser bedeckt 5 Min. quellen lassen, dann in einem Sieb gut abtropfen lassen. Den Sugo mit Salz und Pfeffer pikant abschmecken, die Bohnenkeime untermischen, mit dem Pak Choi und den Nudeln anrichten.

Ingwer macht fit
und ist prima
gegen Erkältungen!

ITALO-SPÄTZLE
mit Basilikum

FÜR 4 PERSONEN

1 rote Zwiebel (ca. 80 g) | 12 Blättchen Basilikum |
6 Soft-Tomaten (weiche getrocknete Tomaten) |
250 g Frischkäse (Doppelrahmstufe) | 50 g Milch |
Salz | Pfeffer | 40 g Butter | 500 g Spätzle (Kühlregal)
Zubereitung: 20 Min.
Pro Portion ca. 430 kcal, 15 g EW, 23 g F, 39 g KH

1 Die Zwiebel schälen und grob zerteilen. Das Basilikum waschen und gut trocken tupfen. Zwiebel und Basilikum mit den getrockneten Tomaten in den Mixtopf geben und 5 Sek./Stufe 7 zerkleinern.

2 Frischkäse, Milch sowie je 1 gute Prise Salz und Pfeffer zur Tomatenmischung in den Mixtopf geben und alles 10 Sek./Stufe 3 verrühren.

3 Die Butter in einer großen beschichteten Pfanne aufschäumen und die Spätzle darin bei mittlerer Hitze hell goldbraun braten.

4 Die Frischkäsesauce unter die Spätzle mischen und eventuell noch etwas heißes Wasser angießen. Die Spätzle mit Salz und Pfeffer abschmecken.

Spätzle mit
PILZRAGOUT

FÜR 4 PERSONEN

8 Salbeiblätter | 150 g Zwiebeln | 50 g geröstete
gesalzene Cashewkerne | 20 g Rapsöl (2 EL) |
200 g Champignons | 200 g Kräuterseitlinge | Salz |
Pfeffer | 500 g Spätzle (Kühlregal) | 125 g Schmand |
2 TL Speisestärke | geräuchertes Paprikapulver
Zubereitung: 30 Min.
Pro Portion ca. 435 kcal, 14 g EW, 19 g F, 44 g KH

1 Die Salbeiblätter waschen, gut trocken tupfen und im Mixtopf 10 Sek./Stufe 6 hacken. Die Zwiebeln schälen und vierteln. Mit den Cashewkernen zum Salbei in den Mixtopf geben und 2 Sek./Stufe 5 zerkleinern. Das Öl hinzufügen und alles ohne Messbecher 5 Min./120°/Linkslauf / Sanftrührstufe dünsten.

2 Die Pilze putzen, bei Bedarf mit einem Tuch abreiben und in grobe Stücke schneiden. In den Mixtopf geben und 1 Sek./Stufe 4 zerkleinern. 125 g Wasser dazugeben. Die Spätzle im Varoma-Behälter und auf dem Einlegeboden verteilen. Den Varoma zudecken, auf den Mixtopf setzen und alles 12 Min./Varoma / Linkslauf / Sanftrührstufe garen.

3 Den Varoma vorsichtig abheben. Schmand in einem Schälchen mit der Stärke glatt rühren, zum Ragout geben und alles noch 2 Min./100°/Linkslauf / Sanftrührstufe erhitzen. Ragout und Spätzle zusammen anrichten. Mit etwas Paprikapulver bestäuben.

FEINE TOMATENSAUCEN
Rot ist die Liebe

PENNE MIT THUNFISCH
FÜR 4 PERSONEN

400 g Penne in reichlich Salzwasser bissfest garen. Je 100 g Zwiebel und Aubergine schälen bzw. waschen, würfeln und 2 Sek./Stufe 5 hacken. 20 g Olivenöl dazugeben, 5 Min./120°/Stufe 1 garen. 400 g geschälte gehackte Tomaten (Dose) dazugeben, mit ¼ TL Salz, 1 Prise Pfeffer und 1 TL getrocknetem Thymian würzen. 5 Min./100°/Stufe 1 garen. In einer Schüssel mit den abgetropften Penne mischen. 150 g Thunfisch (naturell; Dose) grob zerkleinern und unterheben.

Zubereitung: 20 Min.
Pro Portion ca. 425 kcal, 21 g EW, 3 g F, 76 g KH

FEURIGE FUSILLI
FÜR 4 PERSONEN

400 g Fusilli in reichlich Salzwasser bissfest garen. 1–2 rote Peperoni putzen, entkernen, waschen, 1 rote Zwiebel (ca. 80 g) schälen, beides grob würfeln. Im Mixtopf 6 Sek./Stufe 6 hacken. 75 g Schinkenwürfel und 20 g Olivenöl hinzufügen, 5 Min./120°/Linkslauf / Stufe 1 andünsten. 400 g gehackte Tomaten (Dose) und 1 TL Majoranblättchen 10 Min./100°/Linkslauf / Stufe 1 mitgaren. Mit Salz und Pfeffer würzen, mit den abgetropften Nudeln mischen.

Zubereitung: 20 Min.
Pro Portion ca. 440 kcal, 16 g EW, 8 g F, 75 g KH

PASTA ALLA NAPOLETANA
FÜR 4 PERSONEN

400 g Tagliatelle in reichlich Salzwasser garen. 600 g Tomaten überbrühen, häuten, vierteln, entkernen. 60 g Parmesan würfeln, 8 Sek./Stufe 8 hacken, umfüllen. 100 g Zwiebel und 1 Knoblauchzehe schälen, würfeln, mit 20 g Basilikumblättern und 20 g Olivenöl 7 Sek./Stufe 8 hacken. 3 Min./120°/Stufe 2 dünsten. Tomaten, ¼ TL Salz, 1 Prise Pfeffer dazugeben. 8 Min./100°/Stufe 2 erst zugedeckt, dann ohne Messbecher garen. Mit Nudeln und Parmesan anrichten.

Zubereitung: 30 Min.
Pro Portion ca. 480 kcal, 18 g EW, 11 g F, 76 g KH

MAKKARONI SICILIANA
FÜR 4 PERSONEN

400 g Makkaroni in reichlich Salzwasser bissfest garen. 500 g Tomaten überbrühen, häuten, vierteln, entkernen. 2 Knoblauchzehen schälen, mit 20 g Olivenöl im Mixtopf 5 Sek./Stufe 6 zerkleinern. 30 g Pinienkerne dazugeben, 5 Min./120°/Stufe 1 garen. Tomaten, 30 g Rosinen, ¼ TL Salz und 1 Prise Pfeffer dazugeben, 10 Min./100°/Stufe 1 erst zugedeckt, dann ohne Messbecher garen. Mit den abgetropften Nudeln anrichten. 150 g Ricotta löffelweise daraufgeben.

Zubereitung: 25 Min.
Pro Portion ca. 545 kcal, 16 g EW, 17 g F, 82 g KH

Nudeln mit Tomatensauce gehen bei Kindern immer. Damit es für die Erwachsenen nicht langweilig wird, können Sie hier aus vier teuflisch guten Varianten wählen. So wird Schlichtes im Handumdrehen zu etwas Besonderem.

FUSILLI
mit Merguez

FÜR 4 PERSONEN
500 g Rosenkohl | Salz | 400 g Fusilli | 150 g rote Zwiebeln | 1 Knoblauchzehe | 1 TL getrockneter Thymian | 30 g Olivenöl (3 EL) | 300 g Merguez-Würste (ersatzweise andere grobe Bratwurst) | Pfeffer
Zubereitung: 45 Min. + 13 Min. Garen
Pro Portion ca. 650 kcal, 27 g EW, 25 g F, 77 g KH

1 Den Rosenkohl putzen und waschen, die Röschen halbieren und in den Gareinsatz geben. 500 g Wasser und 10 g Salz in den Mixtopf einwiegen, gefüllten Gareinsatz einhängen. Rosenkohl 13 Min./Varoma / Stufe 1 garen. Gareinsatz herausheben, Rosenkohl zugedeckt warm halten. Den Mixtopf leeren, dabei die Flüssigkeit auffangen. Mixtopf kalt ausspülen.

2 Die Nudeln in reichlich kochendem Salzwasser nach Packungsanweisung bissfest garen.

3 Inzwischen Zwiebeln sowie Knoblauch schälen und vierteln. Im Mixtopf 4 Sek./Stufe 5 hacken, dann mit dem Spatel am Topfrand nach unten schieben. Thymian und Olivenöl dazugeben und alles offen 3 Min./120°/Linkslauf / Sanftrührstufe garen.

4 Die Würste in 1–2 cm lange Stücke schneiden, zur Zwiebelmischung geben und offen 5 Min./120°/Linkslauf / Sanftrührstufe weitergaren. 100 g Sud vom Rosenkohl hinzufügen, mit etwas Salz und Pfeffer würzen und noch 2 Min./100°/Stufe 1 garen.

5 Den Rosenkohl zu den Nudeln in das kochende Wasser geben, dann beides in ein Sieb abgießen und in einer großen Schüssel mit der Sauce mischen.

PAPPARDELLE
mit Pilz-Sugo

FÜR 4 PERSONEN
1 rote Zwiebel (ca. 100 g) | 1 rote Chilischote | 1 Zweig Rosmarin | 50 g Walnusskerne | 20 g Olivenöl (2 EL) | 400 g Blumenkohl | 250 g braune Champignons | 50 g Tomatenmark | 10 g Instant-Gemüsebrühe | 400 g Pappardelle | Salz | Pfeffer
Zubereitung: 40 Min.
Pro Portion ca. 520 kcal, 17 g EW, 15 g F, 77 g KH

1 Die Zwiebel schälen und vierteln. Die Chili längs aufschneiden, entkernen, waschen und in Stücke schneiden. Den Rosmarin waschen und gut trocken tupfen, die Nadeln abzupfen. Die vorbereiteten Zutaten mit den Walnüssen im Mixtopf 3 Sek./Stufe 5 zerkleinern. Das Öl hinzufügen und alles 5 Min./120°/Sanftrührstufe dünsten.

2 Den Blumenkohl putzen, waschen und in sehr kleine Röschen teilen. Die Champignons putzen, bei Bedarf mit einem Tuch abreiben, vierteln, zu den Zutaten in den Mixtopf geben und 2 Sek./Stufe 4 zerkleinern. Tomatenmark, Brühe, den Blumenkohl sowie 200 g Wasser dazugeben und alles 10–12 Min./100°/Linkslauf/Sanftrührstufe garen.

3 Inzwischen die Nudeln in reichlich kochendem Salzwasser bissfest garen. In ein Sieb abgießen und abtropfen lassen. In einer Schüssel mit dem Sugo mischen und mit Salz sowie Pfeffer abschmecken.

KRÄUTERSPÄTZLE
mit Sahne-Linsen

FÜR 4 PERSONEN

Für die Spätzle:
1 Bund glatte Petersilie
500 g Weizenmehl (Type 550)
5 Eier (M)
Salz

Für die Linsen:
175 g Zwiebeln
1 Möhre
1 Pastinake
200 g Puy- oder Belugalinsen
250 g Sahne zum Kochen
150 g Apfelsaft
10 g Instant-Gemüsebrühe
Salz | Pfeffer
2 EL Apfelessig
1 Bund Schnittlauch

Zubereitung: 1 Std.
Pro Portion ca. 945 kcal,
37 g EW, 29 g F, 133 g KH

1 Für die Spätzle die Petersilie waschen und gut trocken tupfen. Die Blättchen abzupfen und im Mixtopf 4 Sek./Stufe 8 fein zerkleinern. Mixgut mit dem Spatel am Topfrand nach unten schieben und erneut 2–3 Sek./Stufe 8 mixen. Mehl, Eier, 10 g Salz sowie 180 g Wasser dazugeben und alles 3 Min./Teigstufe ausgiebig verrühren. Der Teig sollte Blasen werfen und zäh vom Löffel tropfen. In eine Schüssel umfüllen und zugedeckt 30 Min. quellen lassen. Den Mixtopf spülen und abtrocknen.

2 Inzwischen für die Linsen die Zwiebeln schälen und vierteln. Möhre sowie Pastinake schälen, in ca. 3 cm große Stücke schneiden und mit den Zwiebeln im Mixtopf 5 Sek./Stufe 5 hacken. Linsen, Sahne, Apfelsaft und Brühe in den Mixtopf einwiegen und alles 22–25 Min./100°/Linkslauf / Sanftrührstufe garen.

3 Inzwischen reichlich Salzwasser in einem großen Topf zum Kochen bringen. Den Spätzleteig portionsweise durch eine Spätzlepresse hineingeben. Sobald die Spätzle oben schwimmen, mit einer Schaumkelle herausheben, gut abtropfen lassen und in einer großen Schüssel zugedeckt warm halten. Auf diese Weise nach und nach den ganzen Teig verarbeiten.

4 Die Linsen mit Salz, Pfeffer und Essig abschmecken. Schnittlauch waschen, trocken tupfen und in feine Röllchen schneiden. Spätzle mit Linsen anrichten und Schnittlauch darüberstreuen.

VARIANTE

Wer mag, ergänzt das bisher vegetarische Essen durch Würstchen oder gewürfelten Kochschinken.

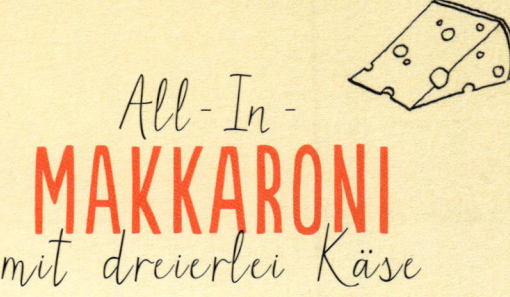

SOBA-NUDELN
mit Fenchel

FÜR 4 PERSONEN
100 g Scamorza (oder anderer Räucherkäse) |
1 Fenchelknolle (ca. 450 g) | 40 g Olivenöl | Salz |
Pfeffer | 400 g Soba-Nudeln (oder Buchweizen-
Spaghetti) | 8 Soft-Tomaten (weiche getrocknete
Tomaten) | 40 g Pinienkerne
Zubereitung: 30 Min.
Pro Portion ca. 640 kcal, 22 g EW, 25 g F, 77 g KH

1 Den Käse grob würfeln und im Mixtopf 3 Sek./
Stufe 8 zerkleinern. In ein Schälchen umfüllen. Den
Fenchel putzen, waschen und in grobe Stücke schneiden, dabei das Grün beiseitelegen. Fenchel im Mixtopf
3 Sek./Stufe 5 zerkleinern.

2 Das Öl sowie je 1 Prise Salz und Pfeffer zum Fenchel
geben. Alles 5 Min./120°/Linkslauf/Sanftrührstufe anschwitzen. 130 g Wasser dazugeben und 8 Min./100°/
Linkslauf/Sanftrührstufe weitergaren.

3 Inzwischen die Nudeln in reichlich kochendem
Salzwasser nach Packungsanweisung bissfest garen.
Im Varoma-Behälter gut abtropfen lassen.

4 Die Tomaten in Streifen schneiden und mit dem
Fenchel unter die Nudeln mischen. Die Pinienkerne
in einer kleinen Pfanne goldbraun rösten und mit dem
Käse über die Nudeln geben. Das Fenchelgrün grob
hacken und daraufstreuen.

All-In-
MAKKARONI
mit dreierlei Käse

FÜR 4 PERSONEN
1 kleine Stange Lauch | 100 g Parmesan |
1 große Zwiebel (ca. 120 g) | 25 g Butter |
10 g Instant-Gemüsebrühe | 150 g Frischkäse
(Doppelrahmstufe) | 200 g Milch | 300 g kurze
Makkaroni | 125 g Mozzarella | Salz | Pfeffer |
Cayennepfeffer oder Chiliflocken
Zubereitung: 30 Min.
Pro Portion ca. 605 kcal, 29 g EW, 27 g F, 60 g KH

1 Den Lauch putzen, gründlich waschen und in Ringe
schneiden. Den Parmesan 3 cm groß würfeln, im Mixtopf 10 Sek./Stufe 8 zerkleinern, dann umfüllen.

2 Die Zwiebel schälen, vierteln und im Mixtopf
3 Sek./Stufe 5 zerkleinern. Mixgut mit dem Spatel am
Topfrand nach unten schieben. Butter einwiegen und
die Zwiebel darin 3 Min./120°/Stufe 2 anschwitzen.

3 Brühe, Frischkäse, Milch sowie 450 g Wasser hinzufügen und alles 5 Min./100°/Stufe 1 aufkochen. Lauch
sowie Makkaroni dazugeben und 8 Min./100°/Links-
lauf/Sanftrührstufe weitergaren, dabei anfangs gelegentlich mit dem Spatel umrühren.

4 Den Mozzarella klein würfeln und mit dem Parmesan unter die Nudeln mischen. Mit Salz und Pfeffer
abschmecken. Zum Servieren nach Belieben Cayennepfeffer oder Chiliflocken daraufstreuen.

Schmecken süß ...

... und pikant!

NUDELPUFFER
mit Birnenkompott

FÜR 4 PERSONEN

Für die Puffer:
200 g Spaghetti
Salz | 4 Eier (M)
40 g Mehl
Pfeffer

Für das Birnenkompott:
500 g Birnen
2 EL Zitronensaft
50 g brauner Zucker
1 TL Vanillezucker

Für den Kräuterquark:
2 Schalotten
6 Stängel glatte Petersilie
6 Stängel Basilikum
250 g Quark (20 % Fett i.Tr.)
50 g Buttermilch
Salz | Pfeffer
edelsüßes Paprikapulver
Tabasco

Außerdem:
Rapsöl zum Braten

Zubereitung: 45 Min.
Pro Portion ca. 460 kcal,
21 g EW, 10 g F, 69 g KH

1 Für die Puffer die Spaghetti in kleine Stücke brechen und nach Packungsanweisung in kochendem Salzwasser bissfest garen. In ein Sieb abgießen, kalt abschrecken und gut abtropfen lassen.

2 Für das Birnenkompott die Birnen schälen, vierteln, jeweils vom Kerngehäuse befreien und im Mixtopf 2 Sek./Stufe 4 zerkleinern. Zitronensaft, Zucker sowie Vanillezucker dazugeben und alles 3,5 Min./100°/Linkslauf / Stufe 1 garen. Das Kompott in eine Schüssel umfüllen. Den Mixtopf kalt spülen und abtrocknen.

3 Für den Quark die Schalotten schälen, vierteln und in den Mixtopf geben. Die Kräuter waschen und gut trocken tupfen, die Blättchen abzupfen und ebenfalls in den Mixtopf geben. Alles 5 Sek./Stufe 8 zerkleinern, dann mit dem Spatel am Topfrand nach unten schieben. Quark, Buttermilch, je 1 Prise Salz, Pfeffer und Paprikapulver sowie 1 Spritzer Tabasco dazugeben und 6 Sek./Stufe 3 untermischen. Abschmecken und in eine Schüssel umfüllen. Den Mixtopf erneut spülen.

4 Zum Fertigstellen der Puffer die Eier und das Mehl in den Mixtopf geben, mit etwas Salz sowie Pfeffer würzen und 5 Sek./Stufe 5 mixen. Spaghetti mit dem Spatel untermischen. Etwas Öl in einer großen beschichteten Pfanne erhitzen.

5 Nudelmasse mit einer kleinen Schöpfkelle portionsweise hineingeben und etwas flach drücken. Die Puffer von beiden Seiten goldbraun braten, dabei vorsichtig einmal wenden. Fertige Puffer auf Küchenpapier entfetten. Auf diese Weise nach und nach 10–12 Puffer braten und diese mit Kompott und Quark anrichten.

Family-Hits mit

FLEISCH

& Fisch

Manche Kinder mögen
die Sauce lieber getrennt dazu!

FLEISCHBÄLLCHEN

in Apfel-Curry-Sauce

Für die Fleischbällchen:

70 g Weißbrot vom Vortag
2 Zwiebeln (ca. 140 g)
½ Bund Petersilie
1 TL getrockneter Thymian
400 g Rinderhackfleisch
1 Ei (M)
Salz | Pfeffer
800 g Süßkartoffeln
15 g Instant-Gemüsebrühe

Für die Sauce:

1 kleine Zwiebel (ca. 60 g)
4 Stängel Petersilie
1 kleiner Apfel (ca. 140 g)
40 g Butter
2 TL Currypulver
35 g Mehl
400 g Brühe (vom Garen der
Fleischbällchen)
50 g Crème fraîche | Salz

Zubereitung: 25 Min.
Pro Portion ca. 615 kcal,
28 g EW, 30 g F, 58 g KH

1 Für die Fleischbällchen das Brot grob würfeln und im Mixtopf ca. 15 Sek./Stufe 4–8 stufenweise ansteigend zerkleinern, dann umfüllen. Die Zwiebeln schälen und grob zerteilen. Die Petersilie waschen und gut trocken tupfen. Die Blättchen abzupfen und mit Zwiebeln sowie Thymian im Mixtopf 4 Sek./Stufe 7 hacken. Brot, Fleisch, Ei, ½ TL Salz und 1 gute Prise Pfeffer dazugeben und alles 30 Sek./Linkslauf / Stufe 4 vermengen. Aus der Masse mit den Händen 12 Bällchen formen, diese in den Gareinsatz legen.

2 Süßkartoffeln schälen, in mundgerechte Stücke schneiden und in den Varoma-Behälter geben, Deckel auflegen. Brühe und 600 g Wasser in den Mixtopf einwiegen. Gareinsatz einhängen, Deckel auflegen und Varoma aufsetzen. 25 Min./Varoma / Stufe 1 garen.

3 Varoma beiseitestellen, Gareinsatz mit dem Spatel herausheben und ebenfalls beiseitestellen. Flüssigkeit aus dem Mixtopf in ein anderes Gefäß umfüllen. Mixtopf ausspülen und abtrocknen. Fleischbällchen warm halten, z. B. im auf 70° vorgeheizten Backofen.

4 Für die Sauce Zwiebel schälen und vierteln. Petersilie waschen und gut trocken tupfen, Blättchen abzupfen. Apfel schälen und achteln, dabei das Kerngehäuse entfernen. Petersilie im Mixtopf 3 Sek./Stufe 8 hacken, dann Zwiebel sowie Apfel dazugeben und 4 Sek./Stufe 5 zerkleinern. Butter, Currypulver und Mehl hinzufügen und alles 3 Min./100°/Sanftrührstufe garen. Brühe von den Fleischbällchen sowie Crème fraîche hinzufügen und die Sauce 5 Min./100°/Linkslauf / Stufe 1 weitergaren. Mit Salz abschmecken und mit den Fleischbällchen sowie den Süßkartoffeln servieren.

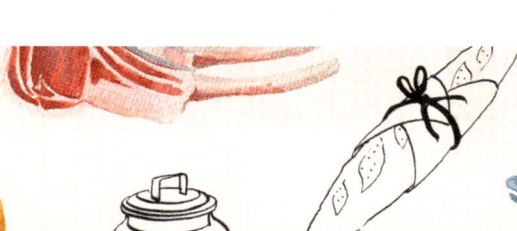

RINDERRAGOUT
mit Dampfnudeln

FÜR 4 PERSONEN

125 g Milch | 5 g Zucker (1 TL) | ½ Würfel Hefe
(21 g) | 20 g weiche Butter | 250 g Mehl |
Salz | 200 g Zwiebeln | 20 g Olivenöl (2 EL) |
600 g Rindfleisch zum Schmoren (z. B. Hohe Rippe) |
1 große Dose geschälte Tomaten (800 g) | Pfeffer |
1 TL getrocknete Kräuter der Provence | weiche Butter
für den Varoma-Behälter
Zubereitung: ca. 30 Min. + 1 Std. Gehen/Garen
+ 25 Min. Garen
Pro Portion ca. 605 kcal, 42 g EW, 24 g F, 55 g KH

1 Für die Dampfnudeln Milch und Zucker in den Mixtopf geben, Hefe hineinbröckeln und alles 1 Min./37°/Stufe 3 anwärmen. Butter, Mehl und ½ TL Salz dazugeben, alles 1 Min./Teigstufe glatt verkneten. Teig in eine große Schüssel umfüllen und zugedeckt ca. 1 Std. gehen lassen, bis sich das Volumen etwa verdoppelt hat.

2 Inzwischen für das Ragout Zwiebeln schälen, vierteln und im Mixtopf 4 Sek./Stufe 5 hacken. Mit dem Spatel nach unten schieben. Olivenöl dazugeben und alles 3 Min./100°/Stufe 1 anschwitzen. Fleisch mundgerecht würfeln und mit Tomaten, ¼ TL Salz, 1 Prise Pfeffer sowie den Kräutern in den Mixtopf geben und 1 Std./100°/Linkslauf / Sanftrührstufe garen.

3 Varoma-Behälter mit Butter fetten. Teig vierteln. Jedes Stück zu einer Kugel formen und in den Varoma-Behälter setzen. Dabei ausreichend Schlitze am Boden frei lassen, damit der Dampf zirkulieren kann. Varoma zudecken und auf den Mixtopf stellen. Noch 25 Min./Varoma / Linkslauf / Sanftrührstufe garen.

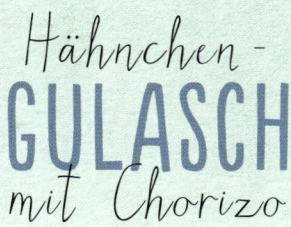

Hähnchen-
GULASCH
mit Chorizo

FÜR 4 PERSONEN

1 große Zwiebel (ca. 150 g) | 30 g Olivenöl (3 EL) |
2 milde weiche Chorizo-Würstchen (ca. 100 g) |
400 g Hähnchenbrustfilet | Salz | Pfeffer |
15 g Speisestärke | 100 g Crème fraîche
Zubereitung: 20 Min. + 20 Min. Garen
Pro Portion ca. 440 kcal, 28 g EW, 32 g F, 9 g KH

1 Zwiebel schälen, grob zerteilen und im Mixtopf 3 Sek./Stufe 5 hacken. Mit dem Spatel am Topfrand nach unten schieben. Olivenöl dazugeben und alles 5 Min./120°/Stufe 1 dünsten. Die Würstchen in Scheiben schneiden, zu den Zwiebeln geben und alles 5 Min./120°/Linkslauf / Sanftrührstufe garen.

2 Das Hähnchen trocken tupfen, mundgerecht würfeln und mit Salz sowie Pfeffer würzen. Mit 250 g Wasser zur Würstchenmischung in den Mixtopf geben und 20 Min./100°/Linkslauf / Sanftrührstufe garen.

3 Die Stärke in einer Tasse mit wenig kaltem Wasser glatt rühren. Stärkemischung in den Mixtopf gießen und die Crème fraîche hinzufügen. Das Gulasch noch 5 Min./100°/Stufe 2 vermengen und köcheln lassen. Dazu passt Brot oder Reis.

Leichtes
CHILI CON CARNE

FÜR 4 PERSONEN

350 g Putenbrustfilet
450 g gemischtes Gemüse
(Möhren, Petersilienwurzel,
Zucchini)
200 g Zwiebeln
2 Knoblauchzehen
2–3 Chilischoten
20 g Rapsöl (2 EL)
40 g Tomatenmark
5 g brauner Zucker (1 TL)
2 TL gemahlener Kreuzkümmel
2 TL getrockneter Oregano
Salz | Pfeffer
1 Dose geschälte gehackte
Tomaten (400 g)
1 Dose Kidneybohnen
(ca. 240 g Abtropfgewicht)
Außerdem:
einige Stängel Koriandergrün
200 g saure Sahne

Zubereitung: 35 Min.
+ 1 Std. Tiefkühlen
+ 28 Min. Garen
Pro Portion ca. 400 kcal,
28 g EW, 22 g F, 23 g KH

1 Putenbrustfilet ca. 2 cm groß würfeln, flach auf einer gefrierbeständigen Schale ausbreiten und im Tiefkühlfach 1 Std. anfrieren lassen. Dann im Mixtopf 8 Sek./Stufe 6 zerkleinern (Achtung laut!) und umfüllen. Möhren und Petersilienwurzeln schälen, Zucchini putzen und waschen. Gemüse grob würfeln und im Mixtopf 3 Sek./Stufe 6 hacken, dann ebenfalls umfüllen.

2 Zwiebeln schälen und vierteln, Knoblauch schälen. Chilis putzen, aufschneiden, entkernen, waschen und dritteln. Zwiebeln, Knoblauch und Chilis im Mixtopf 4 Sek./Stufe 5 hacken, mit dem Spatel am Topfrand nach unten schieben. Öl, Tomatenmark und Zucker einwiegen. Kreuzkümmel, Oregano, ½ TL Salz und 1 gute Prise Pfeffer dazugeben. Alles ohne Messbecher 5 Min./120°/Stufe 1 dünsten.

3 Das Fleisch zur Zwiebelmischung geben und 5 Min./120°/ Linkslauf / Sanftrührstufe garen. Vorbereitetes Gemüse, Tomaten und 100 g Wasser hinzufügen und 25 Min./100°/Linkslauf / Sanftrührstufe garen. Dabei den Gareinsatz als Spitzschutz daraufstellen und anfangs gelegentlich mithilfe des Spatels mischen. Kidneybohnen abtropfen lassen, unter das Chili mischen und noch 3 Min./100°/Linkslauf / Sanftrührstufe weitergaren.

4 Zum Servieren das Koriandergrün waschen, trocken tupfen und grob zerzupfen. Chili nochmals mit Salz und Pfeffer abschmecken. Jeweils mit etwas saurer Sahne und Koriandergrün servieren.

TIPP

Meist wird Chili con Carne mit Rinderhackfleisch zubereitet, das Sie für dieses Rezept ebenfalls verwenden können.

Kann man auch in Tacoschalen füllen und mit der Hand essen!

ALLERLEI BEILAGEN
für die ganze Familie

RISI-BISI
FÜR 4 PERSONEN

Den Gareinsatz in den Mixtopf einsetzen, 200 g Parboiled-Langkornreis und 100 g TK-Erbsen einwiegen. 1000 g Wasser hinzufügen, damit der Reis befeuchtet ist. Etwas Salz darüberstreuen. Verschließen und abdecken, 20 Min./100°/Stufe 3 garen. Eventuell noch einige Min. nachgaren, je nach Reissorte kann die Garzeit leicht schwanken. Den Reis nach Belieben mit Salz und etwas Butter oder Öl verfeinern.

Zubereitung: 10 Min. + 20 Min. Garen
Pro Portion ca. 185 kcal, 5 g EW, 1 g F, 40 g KH

PAPRIKAREIS
FÜR 4 PERSONEN

½ rote Paprika vierteln, putzen und waschen. 1 große Zwiebel (ca. 120 g) schälen und vierteln. Beides im Mixtopf 4 Sek./Stufe 5 hacken. 20 g Olivenöl dazugeben und alles 4 Min./100°/Stufe 1 garen. 200 g Patna-Langkornreis, 75 g Ajvar (Glas), 10 g Salz sowie 550 g Wasser hinzufügen. Den Reis 18 Min./100°/Linkslauf / Sanftrührstufe garen. Nach Belieben 50 g Oliven (entsteint) klein schneiden und unter den Paprikareis mischen.

Zubereitung: 10 Min. + 18 Min. Garen
Pro Portion ca. 255 kcal, 5 g EW, 8 g F, 41 g KH

KARTOFFEL-PETERSILIEN-PÜREE
FÜR 4 PERSONEN

20 g Petersilienblättchen im Mixtopf 3 Sek./Stufe 8 hacken, umfüllen. Rühraufsatz einsetzen. 800 g vorwiegend festkochende Kartoffeln und 200 g Petersilienwurzeln schälen, in ½ cm dicke Scheiben schneiden, in den Mixtopf geben. 10 g Salz, 100 g Wasser und 200 g Milch dazugeben. Alles 25 Min./98°/Stufe 1 garen, dabei Gareinsatz als Spritzschutz aufsetzen. Wenn Milch hochkocht, Temperatur auf 95° reduzieren. Rühraufsatz entfernen. 20 g Butter und Petersilie dazugeben und alles 10 Sek./Stufe 4 pürieren.

Zubereitung: 15 Min. + 25 Min. Garen
Pro Portion ca. 180 kcal, 5 g EW, 6 g F, 26 g KH

BLUMENKOHL-MASH
FÜR 4 PERSONEN

1 Blumenkohl (ca. 1 kg) putzen, waschen, in grobe Röschen teilen und mit etwas Salz in den Varoma-Behälter geben. 500 g Wasser in den Mixtopf einwiegen, Varoma-Behälter aufsetzen und den Kohl ca. 20 Min./Varoma / Stufe 2 garen. Mixtopf leeren, den Blumenkohl sowie 100 g Crème fraîche darin 4 Sek./Stufe 4 vermischen. Mit Salz, Pfeffer und 1 Prise frisch geriebener Muskatnuss abschmecken.

Zubereitung: 10 Min. + 20 Min. Garen
Pro Portion ca. 130 kcal, 4 g EW, 10 g F, 4 g KH

Abwechslungsreiche Beilagen gelingen im Thermomix im Handumdrehen. Und da alles denkbar einfach ist, muss in Zukunft niemand mehr ein Püree aus Trockenpulver anrühren oder sich mit Salzkartoffeln langweilen.

FAMILY-VORRAT

2

Suppenwürze

1

Apfelkompott
mit Zimt

Dauerbrenner homemade

4

Erdbeer-Aprikosen-
Konfitüre

Kräuter-
Tomaten-Salz

3

5

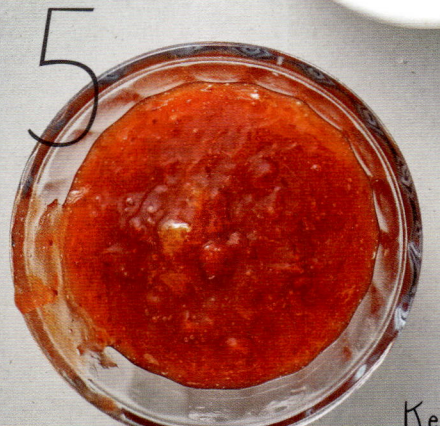

Ketchup

6

Vanille-Puderzucker

1 kg Äpfel schälen, vierteln, entkernen und im Mixtopf 8 Sek./Stufe 4 zerkleinern. Mit 30 g Zitronensaft, 100 g Wasser und 100 g Zucker 8 Min./100°/Linkslauf/Stufe 2 garen, dabei mit dem Spatel umrühren. Kochend heiß mit je 1 Stück Zimtstange in Gläser füllen. Sofort verschließen. Kühl und dunkel aufbewahrt mind. 6 Monate haltbar.

1

2

Je 250 g Möhren, Lauch, Sellerie und Petersilienwurzeln sowie 1 Zwiebel schälen bzw. putzen und waschen, dann grob würfeln. 800 g davon 12 Sek./Stufe 6 mithilfe des Spatels fein zerkleinern. 150 g Salz 15 Sek./Linkslauf/Stufe 3 untermengen. In Twist-Off-Gläser füllen. Im Kühlschrank aufbewahrt ca. 6 Monate haltbar.

Je 500 g Erdbeeren und Aprikosen waschen und putzen bzw. entsteinen. Mit 1 EL Zitronensaft, 500 g Gelierzucker 2:1 und 1 TL gemahlener Bourbon-Vanille im Mixtopf 10 Sek./Stufe 5 pürieren, dann 16 Min./100°/Stufe 2 garen (Gareinsatz als Spritzschutz daraufstellen). Heiß abfüllen, sofort verschließen. Kühl und dunkel aufbewahrt mind. 6 Monate haltbar.

4

3

Blättchen von 2 Zweigen Rosmarin und 10 Zweigen Thymian mit 6 getrockneten Tomaten im Mixtopf 10 Sek./Stufe 9 zerkleinern. Mit 250 g grobem Meersalz 3 Sek./Stufe 7 mixen.

1 Vanilleschote (kann ausgekratzt sein) grob schneiden, mit 250 g Zucker mischen. 1 Woche ziehen lassen. Im Mixtopf 10 Sek./Stufe 10 fein mahlen.

300 g Zwiebeln schälen, 8 Sek./Stufe 7 hacken. 50 g Olivenöl dazugeben, 5 Min./120°/Stufe 1 andünsten. 60 g Zucker, 40 g Essig, 800 g Tomaten (entkernt), 1 TL getrockneten Thymian, 1 TL Salz und 1 TL Pfeffer dazugeben, kurz mixen. 1 Std./100°/Stufe 1 ohne Messbecher kochen lassen. Zugedeckt auf Stufe 10 pürieren. Heiß abfüllen, verschließen.

6

5

Pochiertes RINDERFILET
mit Sesam-Kartoffeln

FÜR 4 PERSONEN

800 g festkochende Kartoffeln | Salz | 20 g Instant-Gemüsebrühe | 100 g Schalotten | 4 EL Rapsöl | 30 g Sesam | 500 g Rindersteaks (Filet oder Roastbeef) | Steak-Pfeffer
Zubereitung: 20 Min. + 26 Min. Garen
Pro Portion ca. 405 kcal, 32 g EW, 20 g F, 26 g KH

1 Die Kartoffeln schälen und in ca. 3 cm große Würfel schneiden. In den Gareinsatz geben und leicht salzen. 500 g Wasser und 10 g Salz in den Mixtopf einwiegen. Den Gareinsatz einhängen und die Kartoffeln 22 Min./Varoma / Stufe 1 garen. Anschließend den Gareinsatz mithilfe des Spatels aus dem Mixtopf heben.

2 Weitere 1500 g Wasser sowie die Gemüsebrühe in den Mixtopf einwiegen und 8–10 Min./80°/Stufe 1 erhitzen. Inzwischen die Schalotten schälen und längs in Spalten schneiden. Das Öl in einer Pfanne erhitzen und die Kartoffeln mit den Schalotten darin rundum bei mittlerer Hitze goldbraun braten, dabei den Sesam über die Kartoffel-Schalotten-Mischung streuen.

3 Die Steaks schräg in 1 cm dicke Scheiben schneiden und in den Gareinsatz geben. Den Gareinsatz in den Mixtopf hängen und das Fleisch 4 Min./80°/Stufe 1 garen, zwischendurch einmal umschichten. Das Fleisch mit den Sesamkartoffeln anrichten und mit Steak-Pfeffer bestreuen.

Zum Braten raffiniertes Rapsöl verwenden!

Schweine-MEDAILLONS
mit Sahne-Kartoffeln

FÜR 4 PERSONEN

800 g vorwiegend festkochende Kartoffeln | Salz | 1 Zwiebel (ca. 80 g) | 35 g Butter | 35 g Mehl | 150 g Sahne zum Kochen | 2 EL Rapsöl | 8 Schweinemedaillons (je ca. 80 g) | Pfeffer | 50 g roher Schinken (in kleinen Würfeln) | frisch geriebene Muskatnuss
Zubereitung: 45 Min.
Pro Portion ca. 385 kcal, 8 g EW, 25 g F, 32 g KH

1 Die Kartoffeln waschen und zugedeckt in wenig Salzwasser im Kochtopf auf dem Herd Herd garen. Inzwischen die Zwiebel schälen, vierteln und im Mixtopf 3 Sek./Stufe 5 hacken, dann mit dem Spatel am Topfrand nach unten schieben. Butter, Mehl, Sahne und 200 g Wasser hinzufügen und alles 6 Min./100°/Linkslauf / Stufe 3 garen.

2 Gleichzeitig das Öl in einer Pfanne erhitzen. Die Medaillons darin von beiden Seiten scharf anbraten, dann von jeder Seite ca. 3 Min. braten, bis das Fleisch innen rosa ist. Mit Salz und Pfeffer würzen.

3 Die Kartoffeln abgießen, pellen und in Scheiben schneiden, vorsichtig mit der Sahnesauce und dem Schinken mischen. Mit Salz, Pfeffer sowie etwas Muskat abschmecken und zu den Medaillons servieren.

PUTENROULADEN
mit Zaziki

FÜR 4 PERSONEN
Für das Zaziki:
2 Knoblauchzehen
1 EL Olivenöl
½ Salatgurke
200 g Schafmilch-Joghurt
Salz | Pfeffer
Für die Rouladen:
4 dünne Putenfilets
(je ca. 150 g)
Salz | Pfeffer
edelsüßes Paprikapulver
getrockneter Oregano
8 weiche getrocknete Aprikosen
(Softaprikosen)
10 g Instant-Gemüsebrühe
Für die Beilagen:
250 g Kritharaki-Nudeln
(griech. Nudeln in Reisform)
1 grüne Paprika | 1 rote Paprika
Außerdem:
4 Holzspießchen

Zubereitung: 20 Min.
+ 25 Min. Garen
Pro Portion ca. 520 kcal,
47 g EW, 10 g F, 58 g KH

1 Für das Zaziki Knoblauch schälen, mit dem Olivenöl in den Mixtopf geben und 5 Sek./Stufe 5 hacken. Mit dem Spatel am Topfrand nach unten schieben. Die Gurke schälen, längs halbieren und entkernen. In grobe Stücke schneiden, mit dem Joghurt, ½ TL Salz und 1 guten Prise Pfeffer in den Mixtopf geben und 3 Sek./Stufe 5 zerkleinern. Zaziki umfüllen und zugedeckt kalt stellen.

2 Für die Rouladen die Putenfilets trocken tupfen, auf einem Schneidbrett ausbreiten und flach drücken. Mit Salz, Pfeffer, Paprikapulver sowie Oregano würzen und je 2 Aprikosen darauflegen. Die Rouladen aufrollen, mit Holzspießchen feststecken und von außen würzen. In den Varoma-Behälter legen.

3 Für die Beilagen 1 200 g Wasser und die Brühe in den Mixtopf einwiegen. Den Gareinsatz einhängen, die Nudeln hineingeben und mit Wasser verrühren, sodass alle Nudeln davon benetzt sind. Den Mixtopf verschließen, den Varoma-Behälter aufsetzen und verschließen. Alles 15 Min./Varoma / Stufe 1 garen.

4 Inzwischen die Paprika halbieren, weiße Trennwände und Kerne entfernen. Die Hälften waschen und in breite Streifen schneiden, diese auf dem Varoma-Einlegeboden verteilen. Den Einlegeboden in den Varoma-Behälter setzen, diesen wieder verschließen und alles weitere 10 Min./Varoma / Stufe 1 garen.

5 Das Zaziki durchrühren und nochmals mit Salz sowie Pfeffer abschmecken. Die Putenrouladen mit Nudeln, Paprikagemüse und Zaziki anrichten.

PUTENSPIESSE
mit Erdnusssauce

FÜR 4 PERSONEN

1 Knoblauchzehe | 4 EL Sojaöl | 7 EL süße
Sojasauce | Pfeffer | 500 g Putenbrustfilet | 2 kleine
rote Chilischoten | 2 kleine Knoblauchzehen |
4 Schalotten | 75 g geröstete gesalzene
Erdnusskerne | 1 kleine Dose Kokosmilch (160 g) |
Salz | 200 g Basmatireis | 4 mittelgroße Möhren |
4 Holzspieße

Zubereitung: 30 Min. + 1 Std. Marinieren
+ 18 Min. Garen
Pro Portion ca. 565 kcal, 43 g EW, 21 g F, 50 g KH

1 Für die Marinade den Knoblauch schälen und in
eine Schüssel pressen, mit Öl, 4 EL Sojasauce und
Pfeffer verrühren. Putenbrustfilet trocken tupfen,
mundgerecht würfeln, in der Marinade wenden und
mindestens 1 Std. kalt stellen.

2 Für die Sauce Chilis putzen, längs aufschneiden,
entkernen und waschen. Knoblauch und Schalotten
schälen. Alles mit den Erdnüssen im Mixtopf 5 Sek./
Stufe 8 zerkleinern, dann mit dem Spatel nach unten
schieben. Restliche Sojasauce und Kokosmilch 10 Sek./
Stufe 4 untermixen. Sauce in eine Schüssel umfüllen.
Den Mixtopf spülen.

3 1200 g Wasser und 10 g Salz in den Mixtopf einwiegen, den Gareinsatz einhängen und den Reis hineingeben. Möhren schälen. Fleisch auf Holzspieße stecken.
Möhren in den Varoma-Behälter, Spieße auf den Varoma-Einlegeboden legen. Abdecken, auf den Mixtopf
stellen und 18 Min./Varoma/Stufe 1 garen. Kurz vor
Ende der Garzeit die Sauce in einem kleinen Topf oder
der Mikrowelle erhitzen. Alles zusammen anrichten.

THAI-HÄHNCHEN
mit Mango

FÜR 4 PERSONEN

1 große Zwiebel (ca. 150 g) | 20 g Kokosöl (ersatzweise
Rapsöl) | 30 g Currypaste (Sorte nach Belieben) |
1 Dose Kokosmilch (400 g) | 40 g Sojasauce |
200 g Zuckerschoten | 500 g Hähnchenbrustfilet |
1 kleine Mango | Salz | Pfeffer | 2 Stängel Thai-
Basilikum (nach Belieben)

Zubereitung: 30 Min.
Pro Portion ca. 305 kcal, 31 g EW, 13 g F, 16 g KH

1 Zwiebel schälen, achteln, im Mixtopf 4 Sek./Stufe 5
hacken und mit dem Spatel am Topfrand nach unten
schieben. Öl und Currypaste hinzufügen und alles
3 Min./120°/Stufe 2 garen. Kokosmilch mit Sojasauce
dazugeben und 4 Min./100°/Stufe 2 weitergaren.

2 Zuckerschoten putzen, waschen und schräg dritteln. Hähnchen trocken tupfen und in mundgerechte
Streifen schneiden. Beides zur Sauce in den Mixtopf
geben und alles 6 Min./100°/Linkslauf/Sanftrührstufe
garen. In eine Schüssel umfüllen.

3 Mango schälen, das Fruchtfleisch vom Stein und
anschließend in mundgerechte Stücke schneiden.
Unter das Curry mischen und dieses mit Salz sowie
Pfeffer abschmecken. Basilikum waschen und trocken
tupfen. Blättchen abzupfen, etwas kleiner schneiden
und auf das Curry streuen.

Reis wird im
Thermomix
immer extra locker!

Rindfleisch-
BIFTEKI
mit Tomaten-Nudeln

FÜR 4 PERSONEN

1 Zwiebel (ca. 100 g) | 6 Stängel Petersilie |
500 g mageres Rinderhackfleisch | 1 Ei (M) |
2 EL Semmelbrösel | Salz | Cayennepfeffer |
1 TL getrockneter Oregano | 100 g Schafskäse (Feta) |
250 g Kritharaki-Nudeln (griech. Nudeln in Reisform) |
1 Dose geschälte gehackte Tomaten (400 g) |
40 g Ajvar (Glas) | 2 EL Olivenöl
Zubereitung: 40 Min.
Pro Portion ca. 655 kcal, 41 g EW, 30 g F, 55 g KH

1 Zwiebel schälen und vierteln. Petersilie waschen und gut trocken tupfen, die Blättchen abzupfen. Beides im Mixtopf 5 Sek./Stufe 5 zerkleinern. Hackfleisch, Ei, Semmelbrösel, ½ TL Salz, 1 gute Prise Cayennepfeffer und Oregano dazugeben. Alles 2 Min./Linkslauf/Stufe 2 mithilfe des Spatels vermengen. Hackmasse in eine Schüssel umfüllen. Mixtopf spülen.

2 Käse in kleine Würfel schneiden. Die Hackmasse in 16 Portionen teilen und zu länglichen Röllchen formen, dabei stets etwas Käse in die Mitte geben. Der Käse muss komplett umhüllt sein.

3 Kritharaki, Tomaten, Ajvar, 5 g Salz sowie 250 g Wasser in den Mixtopf einwiegen und 14–15 Min./100°/Linkslauf/Sanftrührstufe garen.

4 Inzwischen das Olivenöl in einer Pfanne erhitzen und die Bifteki darin rundherum scharf anbraten, dann bei reduzierter Hitze noch ca. 8 Min. braten. Mit den Nudeln anrichten.

Hühnchen-
FRIKASSEE
mit Pilzen

FÜR 4 PERSONEN

1 kleine Bio-Zitrone | 1 Bund Frühlingszwiebeln |
5 g getrocknete Steinpilze | 30 g Rapsöl (3 EL) |
15 g Mehl | 500 g Hühnerbrustfilet | 150 g kleine
braune Champignons | 1 Glas Pfifferlinge
(ca. 100 g Abtropfgewicht) | 200 g Hühnerbrühe |
100 g Crème fraîche | Salz | Pfeffer
Zubereitung: 30 Min.
Pro Portion ca. 385 kcal, 32 g EW, 26 g F, 6 g KH

1 Zitrone waschen und trocken reiben. Etwas Schale mit einem Sparschäler abschälen, Saft auspressen. Frühlingszwiebeln putzen und waschen, das Grün schräg in Ringe schneiden. Saft und Frühlingszwiebelringe beiseitestellen.

2 Zitronenschale und Steinpilze im Mixtopf 10 Sek./Stufe 9 zerkleinern. Weiße Zwiebelteile dazugeben und 5 Sek./Stufe 6 hacken. Öl dazugeben und alles 4 Min./120°/Stufe 2 dünsten. Mehl einstreuen und 3 Min./120°/Stufe 2 mit andünsten.

3 Fleisch trocken tupfen und mundgerecht würfeln. Champignons putzen, bei Bedarf mit einem Tuch abreiben und halbieren. Fleisch, Champignons, Pfifferlinge mitsamt Einlegesud und Brühe in den Mixtopf geben. Alles 8 Min./120°/Linkslauf/Stufe 1 garen.

4 Zwiebelringe, Crème fraîche, ½ TL Salz, 1 gute Prise Pfeffer und 2 TL Zitronensaft hinzufügen und 4 Min./100°/Linkslauf/Stufe 1 weitergaren. Das Frikassee mit Salz, Pfeffer und Zitronensaft abschmecken. Dazu passt Reis.

Bunte
LACHSSPIESSE
mit Tomaten

Zitroniges
FISCHFILET
mit Mandel-Pilaw

FÜR 4 PERSONEN

250 g Seelachsfilet | 250 g Lachsfilet |
8 Kirschtomaten | Salz | Pfeffer | 2 TL getrockneter
Thymian | 2 zarte Stangen Lauch | 20 g Instant-
Gemüsebrühe | 200 g Dinkel wie Reis (vorgegarte
Dinkelkörner) | 4 Holz- oder Metallspieße
Zubereitung: 10 Min. + 22 Min. Garen
Pro Portion ca. 375 kcal, 31 g EW, 11 g F, 35 g KH

1 Die Fischfilets kalt abwaschen und trocken tupfen,
auf Gräten untersuchen und diese gegebenenfalls mit
einer Pinzette entfernen. Die Filets mundgerecht würfeln. Die Tomaten waschen und abwechselnd mit den
Fischstücken auf Spieße reihen. Spieße auf den Varoma-Einlegeboden legen und mit etwas Salz, Pfeffer
und dem Thymian würzen.

2 Den Lauch putzen, gründlich waschen, in lange
Stücke schneiden und in den Varoma-Behälter legen,
mit etwas Salz würzen.

3 Brühe und 600 g Wasser in den Mixtopf einwiegen.
Dinkel in den Gareinsatz geben und kurz mit Was-
ser abbrausen. Gareinsatz in den Mixtopf einhängen,
Varoma-Behälter und Einlegeboden aufsetzen und
zudecken. Alles 22 Min./Varoma/Stufe 1 garen. Die
Spieße mit Dinkel und Lauch anrichten.

FÜR 4 PERSONEN

1 kleine Bio-Zitrone | 4 Stücke festes weißes
Fischfilet (je ca. 160 g; z. B. Kabeljau-Loins) | Salz |
Pfeffer | 4 Salatblätter | 1 Zwiebel (ca. 100 g) |
15 g Olivenöl (3 TL) | 25 g Butter | 40 g Mandelstifte |
250 g Langkornreis | 10 g Instant-Gemüsebrühe |
1–2 TL Ras el Hanout (arabische Gewürzmischung;
ersatzweise Kreuzkümmel oder Currypulver)
Zubereitung: 25 Min. + 23 Min. Garen
Pro Portion ca. 475 kcal, 35 g EW, 15 g F, 50 g KH

1 Für den Fisch die Zitrone waschen und trocken reiben. Etwas Schale fein abreiben, den Saft auspressen.
Die Fischfilets kalt abwaschen, trocken tupfen und
mit Zitronensaft, -schale, Salz und Pfeffer würzen. Die
Salatblätter waschen, auf den Varoma-Einlegeboden
legen und die Fischfilets daraufsetzen. Den Einlegeboden auf den Varoma-Behälter setzen und zudecken.

2 Für den Reis die Zwiebel schälen, halbieren und im
Mixtopf 2 Sek./Stufe 5 hacken, dann mit dem Spatel
am Topfrand nach unten schieben. Olivenöl, Butter
sowie Mandelstifte einwiegen und alles 3 Min./120°/
Sanftrührstufe dünsten. Reis, Brühe, Ras el Hanout
und 600 g Wasser hinzufügen und 5 Min./100°/Links-
lauf/Sanftrührstufe weitergaren.

3 Abgedeckten Varoma aufsetzen und alles zusammen in 15 Min./Varoma/Linkslauf/Sanftrührstufe
fertig garen. Den Fisch mit dem Reis anrichten.

FISCHPÄCKCHEN
mit Lauch

FÜR 4 PERSONEN

40 g Weißbrot vom Vortag
1 Bio-Limette
3 Stängel Dill
30 g geschälte Mandeln
450 g Pangasius-Filet (ersatzweise anderes festes Fischfilet)
100 g Crème fraîche
1 Ei (M)
Salz | Pfeffer
frisch geriebene Muskatnuss
1 dicke Stange Lauch
20 g Weißweinessig
200 g Venere-Reis (schwarzer
Piemont-Reis)
100 g Salatmayonnaise
50 g Joghurt

Zubereitung: 30 Min.
+ 30 Min. Garen
Pro Portion ca. 465 kcal,
23 g EW, 21 g F, 44 g KH

1 Weißbrot grob würfeln und im Mixtopf 10 Sek./Stufe 7 zerkleinern, dann umfüllen. Limette heiß waschen und trocken reiben.
Etwas Schale mit dem Sparschäler dünn abschälen, den Saft auspressen und beiseitestellen. Dill waschen und gut trocken tupfen.
Spitzen abzupfen und mit Limettenschale sowie Mandeln im Mixtopf 10 Sek./Stufe 10 zerkleinern (Achtung laut!).

2 Das Fischfilet kalt abwaschen, gut trocken tupfen und in ca. 3 cm
große Stücke schneiden. Mit 1 EL Limettensaft, Crème fraîche, Ei,
Brotbröseln, ½ TL Salz sowie je 1 guten Prise Pfeffer und Muskatnuss in den Mixtopf geben. Alles 15 Sek./Stufe 7 zerkleinern, in eine
Schüssel umfüllen und zugedeckt kalt stellen.

3 Lauch putzen und gründlich waschen. Die 4 äußeren dunkelgrünen Blätter ablösen, quer halbieren und in den Varoma-Behälter
legen. 1 000 g Wasser, 10 g Salz und den Essig in den Mixtopf geben.
Den Gareinsatz einhängen und den Reis einwiegen. Varoma-Behälter aufsetzen und verschließen. Alles 12 Min./Varoma / Stufe 1 garen.
Anschließend den Varoma abnehmen, den Lauch auf Küchenpapier
legen und etwas abkühlen lassen.

4 Aus der Fischmasse 8 Frikadellen formen und mit gedünsteten
Lauchblättern umhüllen. Päckchen mit den Nahtstellen nach unten
in den Varoma-Einlegeboden setzen. Übrigen Lauch in 5–6 cm
lange Stücke schneiden und in den Varoma-Behälter geben. Varoma samt Einlegeboden und Deckel auf den Mixtopf setzen. Alles
18 Min./Varoma / Stufe 1 garen. Mayonnaise, Joghurt und 1–2 EL Limettensaft verrühren, salzen und pfeffern. Mit Fischpäckchen,
Lauch und Reis anrichten. Mit Limettensaft beträufeln.

Schwarzer Reis sieht
cool aus und
enthält viel Eisen!

WELSFILET
mit Nusskruste

FÜR 4 PERSONEN
4 Stängel Petersilie | 6 Stängel Dill | 1 kleine rote
Zwiebel (ca. 60 g) | 60 g gemischte Nusskerne |
40 g Olivenöl (4 EL) | Salz | Pfeffer |
750 g festkochende Kartoffeln | 4 Stücke Welsfilet
(je ca. 160 g; oder anderes Fischfilet)
Zubereitung: ca. 20 Min. + 20 Min. Garen
Pro Portion ca. 555 kcal, 28 g EW, 37 g F, 25 g KH

1 Kräuter waschen, sehr gut trocken tupfen, von den groben Stielen befreien und im Mixtopf 3 Sek./Stufe 8 hacken. Mit dem Spatel am Topfrand nach unten schieben. Zwiebel schälen und vierteln, mit den Nüssen zu den Kräutern geben und alles 3 Sek./Stufe 6 zerkleinern (Achtung laut!). 30 g Olivenöl, ¼ TL Salz und 1 gute Prise Pfeffer 1 Sek./Stufe 3 untermixen. In ein Schälchen umfüllen.

2 Kartoffeln schälen und in 4–5 cm große Würfel schneiden. 500 g Wasser und 10 g Salz in den Mixtopf einwiegen, den Gareinsatz einhängen und die Kartoffeln hineingeben.

3 Den Varoma-Einlegeboden in den Varoma-Behälter setzen und mit dem restlichen Öl einpinseln. Fischfilets kalt abwaschen, trocken tupfen und auf den Einlegeboden geben. Nussmischung darauf verteilen.

4 Den Varoma-Behälter auf den Mixtopf stellen und den Deckel auflegen. Alles 20 Min./Varoma/Stufe 1 garen. Fisch und Kartoffeln zusammen anrichten.

PESTO-SCHOLLE
mit Zucchinigemüse

FÜR 4 PERSONEN
600 g Zucchini | Salz | Pfeffer | etwas frischer
oder getrockneter Thymian | 4 Schollenfilets (je
ca. 100 g) | 4 TL grünes Pesto (frisch oder aus dem
Glas) | 8 eingelegte getrocknete Tomaten (oder Soft-
Tomaten) | 20 g Instant-Gemüsebrühe
Zubereitung: 20 Min. + 12 Min. Garen
Pro Portion ca. 155 kcal, 22 g EW, 5 g F, 5 g KH

1 Die Zucchini putzen, waschen und längs halbieren, die Hälften quer in 1 cm dicke Scheiben schneiden. Zucchinischeiben in den Varoma-Behälter geben und mit Salz, Pfeffer und etwas Thymian würzen.

2 Die Schollenfilets kalt abwaschen, trocken tupfen, auf einem Brett ausbreiten und mit Pesto bestreichen. Je 2 Tomaten an einer Seite darauflegen und die andere Seite darüberklappen. Vorsichtig auf den Varoma-Einlegeboden heben.

3 500 g Wasser und die Brühe in den Mixtopf einwiegen, diesen verschließen und den Varoma-Behälter samt Einlegeboden aufsetzen. Den Deckel auflegen und alles ca. 12 Min./Varoma/Stufe 1 garen. Dazu Weißbrot oder Reis servieren.

FISCH-NUGGETS
Lassen Kinderaugen leuchten

... IM KNUSPERMANTEL
FÜR 4 PERSONEN

50 g Weißbrot vom Vortag würfeln, mit 10 g Petersilie und 40 g Mandeln 10 Sek./Stufe 8 zerkleinern (Achtung laut!). Auf einen Teller geben. 2 Eier (M) mit je 1 Prise Salz und Pfeffer im Mixtopf 5 Sek./Stufe 5 aufschlagen, auf einen tiefen Teller geben. 400 g Fischfilet in dicke Streifen schneiden. Erst in Ei, dann in der Mandelmischung wenden. In reichlich Rapsöl in 6–8 Min. goldbraun braten oder 4 Min. frittieren.

Zubereitung: 30 Min.
Pro Portion ca. 210 kcal, 21 g EW, 11 g F, 7 g KH

... IN KÄSE-NUSS-HÜLLE
FÜR 4 PERSONEN

100 g Parmesan grob würfeln, mit 50 g Haselnusskernen und 1 TL getrocknetem Thymian 6 Sek./Stufe 10 zerkleinern (Achtung laut!). Auf einen Teller geben. 2 Eier (M) mit 10 g Tomatenmark, je 1 Prise Salz und Pfeffer im Mixtopf 5 Sek./Stufe 5 aufschlagen, auf einen tiefen Teller geben. 40 g Mehl auf einen Teller geben. 400 g Fischfilet in dicke Streifen schneiden, erst in Mehl, dann in Ei und zuletzt in Käsemischung wenden. In reichlich Rapsöl rundum in 6–8 Min. goldbraun braten oder 4 Min. frittieren.

Zubereitung: 30 Min.
Pro Portion ca. 360 kcal, 32 g EW, 23 g F, 9 g KH

... IM TOMATEN-FLAKES-MANTEL
FÜR 4 PERSONEN

30 g getrocknete Tomaten im Mixtopf 10 Sek./Stufe 10 zerkleinern. 80 g Cornflakes dazugeben, 2 Sek./Stufe 7 mixen, auf einen Teller geben. 2 Eier (M) mit ¼ TL Salz und 1 Prise Cayennepfeffer im Mixtopf 5 Sek./Stufe 5 aufschlagen, auf einen tiefen Teller geben. 400 g Fischfilet in dicke Streifen schneiden. Erst in den Eiern, dann in der Knuspermischung wenden. In reichlich Rapsöl rundum in 6–8 Min. goldbraun braten oder 4 Min. frittieren.

Zubereitung: 30 Min.
Pro Portion ca. 245 kcal, 23 g EW, 9 g F, 18 g KH

... IN SESAM-TEMPURA-HÜLLE
FÜR 4 PERSONEN

60 g Mehl, 60 g Speisestärke, 1 Eigelb (M), ½ TL Salz, 1 Prise Pfeffer und 140 g eiskaltes Wasser im Mixtopf 20 Sek./Stufe 4 aufschlagen. 15 g Sesam 2 Sek./Stufe 2 untermixen. Auf einen tiefen Teller geben. 400 g Fischfilet in dicke Streifen schneiden, salzen, pfeffern und im Teig wenden, überschüssigen Teig abtropfen lassen. In reichlich Rapsöl rundum in 6–8 Min. goldbraun braten oder 4 Min. frittieren.

Zubereitung: 30 Min.
Pro Portion ca. 210 kcal, 21 g EW, 9 g F, 11 g KH

Ihre Kinder mögen nur Fischstäbchen, Sie lieber frischen Fisch? Selber machen ist die Lösung! Saftiger Fisch versteckt sich unter einer würzigen Hülle - mal mit Käse, mal mit Cornflakes, mal mit Teig und immer knusprig ausgebacken

Fischfilet auf LINSENGEMÜSE
mit Mango

FÜR 4 PERSONEN
4 Salatblätter | 4 Stücke Fischfilet (je ca. 140 g; z. B. Kabeljau; nicht zu dick) | 2 EL Limettensaft | 4 TL Sambal Manis (indonesische Chilipaste) | Salz | 800 g Kartoffeln | 650 g Hühnerbrühe | 250 g Beluga-Linsen | 2 TL Garam Masala (ind. Gewürzmischung) | 1 Mango | 10 Stängel Koriandergrün
Zubereitung: 15 Min. + 30 Min. Garen
Pro Portion ca. 460 kcal, 43 g EW, 2 g F, 64 g KH

1 Den Salat waschen, trocken schütteln und auf dem Varoma-Einlegeboden ausbreiten. Fisch kalt abwaschen und trocken tupfen. Mit Limettensaft und Sambal Manis einreiben, mit Salz würzen und auf den Salat legen. Kalt stellen.

2 Kartoffeln schälen, in mundgerechte Stücke schneiden und im Varoma-Behälter verteilen. Brühe, Linsen und Garam Masala in den Mixtopf geben. Mixtopf verschließen, Varoma-Behälter aufsetzen und zudecken. Alles 20 Min./Varoma/Sanftrührstufe garen. Varoma-Einlegeboden mit dem Fisch einsetzen, abdecken und 15 Min./Varoma/Sanftrührstufe weitergaren.

3 Inzwischen Mango schälen, Fruchtfleisch vom Stein schneiden und klein würfeln. Koriandergrün waschen, trocken tupfen und zerzupfen.

4 Varoma-Behälter abnehmen und zugedeckt beiseitestellen. Linsen in einer Schüssel mit Mango mischen. Linsen mit Salz abschmecken und mit Kartoffeln sowie Fischfilets anrichten. Mit Koriander bestreuen.

LACHSFILET
mit bunten Kartoffeln

FÜR 4 PERSONEN
2 Bio-Limetten | 4 Stücke Lachsfilet (je ca. 200 g) | Salz | Pfeffer | 400 g festkochende Kartoffeln | 400 g Süßkartoffeln | 20 g Instant-Gemüsebrühe | 1 Bund Schnittlauch
Zubereitung: 15 Min. + 25 Min. Garen
Pro Portion ca. 625 kcal, 49 g EW, 32 g F, 32 g KH

1 Die Limetten heiß waschen, trocken reiben und in dünne Scheiben schneiden. Scheiben auf dem Varoma-Einlegeboden ausbreiten. Die Lachsfilets kalt abwaschen, trocken tupfen, daraufsetzen und mit Salz sowie Pfeffer würzen.

2 Beide Kartoffelsorten schälen und in mundgerechte Stücke schneiden. 500 g Wasser und die Brühe in den Mixtopf geben, den Gareinsatz einhängen und die Kartoffelstücke hineingeben. Den Varoma-Behälter mit dem Lachs aufsetzen und zudecken. Alles 25 Min./Varoma/Stufe 1 garen.

3 Den Schnittlauch waschen, trocken tupfen und in Röllchen schneiden. Fisch mit den bunten Kartoffeln anrichten. Den Schnittlauch darüberstreuen.

Alles
VEGGIE
ohne Wenn und Aber

Versteckrüben –
KARTOFFELPUFFER

FÜR 4 PERSONEN

1 Zwiebel
600 g mehligkochende
Kartoffeln
½ Steckrübe (ca. 300 g)
1 Ei (M)
50 g Dinkelvollkornmehl
Salz | Pfeffer
frisch geriebene Muskatnuss
5 EL Rapsöl zum Braten

Zubereitung: 30 Min.
Pro Portion ca. 280 kcal,
7 g EW, 15 g F, 31 g KH

1 Den Backofen auf 50° vorheizen. Die Zwiebel schälen, halbieren und im Mixtopf 3 Sek./Stufe 5 hacken. Die Kartoffeln sowie die Steckrübe schälen und in 3 cm große Stücke schneiden. Beides zu den Zwiebeln geben und 7 Sek./Stufe 6 zerkleinern.

2 Das Mixgut mit dem Spatel am Topfrand nach unten schieben. Ei, Vollkornmehl, 1 TL Salz, 1 Msp. Pfeffer sowie 1 Prise Muskatnuss dazugeben und alles 20 Sek./Stufe 4 verrühren.

3 Das Öl zum Braten in einer großen Pfanne erhitzen. Aus der Kartoffelmasse nach und nach Puffer backen. Dafür pro Puffer ca. 2 EL Teig in die Pfanne geben und mit einem Esslöffel zu einem runden Puffer glatt streichen. Die Puffer offen bei mittlerer Hitze auf jeder Seite in 3–5 Min. knusprig und goldbraun braten. Aus der Pfanne nehmen und auf Küchenpapier entfetten. Fertige Puffer auf einem Teller im Ofen warm halten, bis die ganze Kartoffelmasse aufgebraucht ist. Dazu passt ein grüner Blattsalat.

VARIANTEN

Variieren Sie das Rezept, indem Sie die Steckrüben je nach Jahreszeit durch anderes Gemüse ersetzen, beispielsweise durch Pastinaken, Sellerie, Möhren oder auch Brokkoli. Je nach Gemüseart waschen oder schälen, in 3 cm große Stücke schneiden und mit den Kartoffeln hacken. Nur mit Kartoffeln funktioniert es natürlich auch – dann die Steckrüben durch 300 g zusätzliche Kartoffeln ersetzen.

Oder mal mit
Apfelkompott (S. 127)
servieren!

Oliven- GEMÜSE-MUFFINS

FÜR 12 STÜCK

3 Stängel Zitronenmelisse | ½ Bio-Zitrone |
50 g getrocknete Tomaten (in Öl eingelegt) |
2 TL getrocknete Pfefferminze (nach Belieben) |
½ Zucchino (100 g) | 50 g schwarze Oliven (entsteint) |
3 Eier (M) | 80 g Olivenöl | 150 g kohlensäurehaltiges
Mineralwasser | 250 g Mehl | 2 TL Backpulver | Salz |
Pfeffer | 12 Muffin-Papierförmchen | 12er-Muffinform

Zubereitung: 15 Min. + 15 Min. Backen
Pro Stück ca. 125 kcal, 4 g EW, 5 g F, 15 g KH

1 Backofen auf 180° vorheizen. Papierförmchen in die
Mulden der Muffinform setzen. Melisse waschen und
trocken tupfen, grobe Stiele entfernen. Zitrone waschen und trocken reiben, Schale mit dem Sparschäler
dünn abschälen. Melisse und Zitronenschale im Mixtopf 3 Sek./Stufe 10 hacken.

2 Tomaten sowie nach Belieben Minze dazugeben
und 3 Sek./Stufe 5 zerkleinern. Zucchino putzen, waschen, in 3 cm große Stücke schneiden und 2 Sek./
Stufe 4 mithacken. Mit dem Spatel am Topfrand nach
unten schieben. Hälfte der Oliven in feine Scheiben
schneiden. Diese mit Eiern, Öl, Mineralwasser, Mehl,
Backpulver, 1 TL Salz und 1 Msp. Pfeffer in den Mixtopf geben und 10 Sek./Stufe 3 unterrühren.

3 Teig in die Förmchen füllen. Restliche Oliven halbieren und darauf verteilen. Muffins im Ofen (Mitte)
ca. 15 Min. backen. Schmecken warm oder kalt.

VEGGIE-DÖNER
mit Feta

FÜR 4 PERSONEN

1 Fladenbrot (ca. 500 g) | 1 Bund glatte
Petersilie | 1 kleine Zwiebel | 1 Knoblauchzehe |
30 g Walnusskerne | 40 g Tomatenmark |
15 g Zitronensaft (3 TL) | 15 g Olivenöl (3 TL) |
120 g Joghurt (1,8 % Fett) | 100 g Schafskäse
(Feta) | ½ TL gemahlener Kreuzkümmel | Pfeffer |
1 TL getrocknete Pfefferminze | ½ Kopf Eissalat
(ca. 150 g) | 1 Minigurke (ca. 150 g) | 12 Kirschtomaten |
1 Avocado | 1 TL Limettensaft

Zubereitung: 20 Min.
Pro Portion ca. 615 kcal, 21 g EW, 28 g F, 71 g KH

1 Backofen auf 100° vorheizen. Brot vierteln, im Ofen
(Mitte) 8 Min. aufbacken. Petersilie waschen und
trocken schütteln, grobe Stiele entfernen. Zwiebel
schälen, halbieren. Knoblauch schälen, mit Petersilie
und Zwiebel im Mixtopf 8 Sek./Stufe 8 hacken. Nüsse 20 Sek./Stufe 5 mithacken (Achtung laut!). Mixgut
mit dem Spatel nach unten schieben. Tomatenmark,
Zitronensaft, Öl, Joghurt, Schafskäse, Kreuzkümmel,
½ TL Pfeffer sowie Minze 15 Sek./Stufe 3 unterrühren.

2 Salat putzen, waschen, trocken schleudern und in
2 cm breite Streifen schneiden. Gurke schälen und in
dünne Scheiben schneiden. Tomaten waschen und
halbieren. Avocado halbieren, entsteinen, schälen, in
Scheiben schneiden und mit Limettensaft beträufeln.

3 Brotviertel waagerecht einschneiden und aufklap-
pen, untere Schnittflächen mit je 1–2 EL Creme bestreichen. Mit Gemüse füllen, restliche Creme daraufgeben und die Fladen zuklappen. Sofort servieren.

Fingerfood fürs Picknick

SPARGELRISOTTO
mit Parmesantopping

FÜR 4 PERSONEN

60 g Parmesan | 50 g Cashewkerne |
½ Bund Petersilie | 500 g grüner Spargel |
1 Zwiebel | 1 Knoblauchzehe (nach Belieben) |
10 g Olivenöl (1 EL) | 250 g Risottoreis (z. B. Arborio) |
700 g heiße Gemüsebrühe | Pfeffer |
30 g Butter | Salz (nach Belieben)

Zubereitung: 30 Min. + 20 Min. Garen
Pro Portion ca. 460 kcal, 15 g EW, 19 g F, 56 g KH

1 Parmesan in 2 cm große Stücke schneiden und mit Cashewkernen im Mixtopf 4 Sek./Stufe 10 hacken (Achtung laut!), umfüllen. Petersilie waschen, trocken tupfen und im Mixtopf 3 Sek./Stufe 8 hacken, ebenfalls umfüllen. Spargel waschen, von den holzigen Enden befreien und bei Bedarf im unteren Drittel schälen. Stangen in den Varoma-Behälter legen.

2 Zwiebel schälen und halbieren. Knoblauch schälen. Zwiebel, Knoblauch und Öl im Mixtopf 6 Sek./Stufe 4 hacken, dann 4 Min./120°/Stufe 1 dünsten. Mit dem Spatel nach unten schieben. Reis dazugeben und 3 Min./100°/Linkslauf / Sanftrührstufe dünsten. Brühe und ½ TL Pfeffer hinzufügen. Den Varoma-Behälter mit dem Spargel auf den Mixtopf setzen und alles 20 Min./100°/Linkslauf / Sanftrührstufe garen.

3 Varoma-Behälter abnehmen. Spargel in 3 cm lange Stücke schneiden, mit Butter und Petersilie unter den Risotto mischen. Nach Belieben noch mit ca. 1 TL Salz würzen und mit der Parmesanmischung servieren.

GRAUPENRISOTTO
mit Mais und Erbsen

FÜR 4 PERSONEN

60 g Parmesan | ½ Zwiebel | 1 kleiner Kohlrabi
(ca. 250 g) | 5 g Olivenöl (1 TL) | 250 g grobe
Perlgraupen | ca. 900 g heiße Gemüsebrühe | 1 Glas
Zuckermais (220 g Abtropfgewicht) | 450 g TK-
Erbsen | Pfeffer | 50 g Pinienkerne (nach Belieben) |
10 g Butter | Salz (nach Belieben)

Zubereitung: 30 Min. + 30 Min. Garen
Pro Portion ca. 435 kcal, 20 g EW, 10 g F, 64 g KH

1 Parmesan in 2 cm große Stücke schneiden und im Mixtopf 4 Sek./Stufe 10 hacken, umfüllen. Zwiebel schälen und halbieren. Kohlrabi schälen und 3 cm groß würfeln. Zwiebel, Kohlrabi und Öl im Mixtopf 6 Sek./Stufe 4 zerkleinern. Mit dem Spatel nach unten schieben, dann 4 Min./120°/Stufe 1 dünsten. Graupen hinzufügen und 3 Min./100°/Linkslauf / Sanftrührstufe weiterdünsten. Brühe angießen.

2 Mais in den Gareinsatz abgießen und abtropfen lassen. Mit Erbsen und ½ TL Pfeffer zu den Graupen geben und alles 30 Min./100°/Linkslauf / Sanftrührstufe garen. Dabei die Deckelöffnung offen lassen und den Gareinsatz als Spritzschutz daraufstellen. Gegen Ende der Garzeit die Flüssigkeitsmenge prüfen und eventuell noch etwas Brühe nachgießen.

3 Nach Belieben die Pinienkerne in einer Pfanne ca. 3 Min. rösten. Butter, Parmesan sowie nach Belieben ca. 1 TL Salz 8 Sek./Stufe 4 unter den Risotto rühren. Den Risotto nach Belieben mit Pinienkernen bestreut servieren.

FALSCHE PASTA
mit buntem Saucen-Dreierlei

GEMÜSENUDELN
FÜR 4 PERSONEN

2 Zucchini (ca. 700 g) putzen, waschen und mit dem Sparschäler längs rundum dünne Streifen bis auf das weiche Innere abschälen. 2 dicke Möhren schälen, ebenfalls in lange, dünne Streifen schälen. Gemüse mit 1 TL Salz bestreut in den Varoma-Behälter geben. 500 g Gemüsebrühe in den Mixtopf füllen oder ca. 500 g Sauce darin kochen, Varoma-Behälter daraufsetzen. 15 Min./Varoma / Stufe 1 dampfgaren.

Zubereitung: 10 Min. + 15 Min. Garen
Pro Portion ca. 43 kcal, 3 g EW, 1 g F, 5 g KH

TOMATEN-PAPRIKA-SAUCE
FÜR 4 PERSONEN

2 Zwiebeln schälen, halbieren und im Mixtopf 3 Sek./ Stufe 4 hacken. 2 rote Paprika putzen und waschen, 3 Tomaten waschen. Gemüse 3 cm groß würfeln, mit 15 g Olivenöl im Mixtopf 3 Sek./Stufe 5 hacken. 5 Min./120°/Sanftrührstufe dünsten. Nach Belieben 50 g Tomatenmark hinzufügen. Mit 10 g Agavendicksaft, 5 g italienischen TK-Kräutern, 2 TL Salz und 1 Msp. Pfeffer würzen. Varoma-Behälter mit rohen Gemüsenudeln auf den Mixtopf setzen und alles 15 Min./Varoma / Linkslauf / Stufe 1 garen.

Zubereitung: 15 Min. + 15 Min. Garen
Pro Portion ca. 75 kcal, 2 g EW, 4 g F, 7 g KH

MANGOLD-MANDEL-CREME
FÜR 4 PERSONEN

Je 2 Zwiebeln und Knoblauchzehen schälen, halbieren. Mit 50 g getrockneten Tomaten (in Öl) 10 Sek./ Stufe 8 hacken. 15 g Olivenöl und 1 Msp. gemahlene Kurkuma hinzufügen. 3 Min./120°/Stufe 3 dünsten. 200 g Mangold putzen, waschen, in ½ cm breite Streifen schneiden, 8 Min./120°/Stufe 1 mitdünsten. Mit 100 g Mandelmus, ½ TL Salz und 1 Msp. Pfeffer 1 Min./90°/Stufe 3 garen. Zu über Brühe gegarten Gemüsenudeln reichen. Mit 2 EL gehackten Haselnüssen bestreuen.

Zubereitung: 20 Min.
Pro Portion ca. 240 kcal, 7 g EW, 19 g F, 8 g KH

PILZSAUCE
FÜR 4 PERSONEN

1 Knoblauchzehe schälen, 30 g Parmesan 2 cm groß würfeln. Mit dünn abgeschälter Schale von ½ Bio-Zitrone im Mixtopf 10 Sek./Stufe 10 hacken. 300 g Champignons putzen, 3 cm groß würfeln. 3 Sek./Stufe 4 mithacken. 60 g Butter hinzufügen, 3 Min./100°/ Linkslauf / Sanftrührstufe dünsten. 250 g Sahne, 1 Prise Muskatnuss, 1 Msp. Pfeffer und 1 TL Salz dazugeben. 5 Min./90°/Linkslauf / Sanftrührstufe erhitzen. Zu über Brühe gegarten Gemüsenudeln reichen.

Zubereitung: 20 Min.
Pro Portion ca. 345 kcal, 6 g EW, 34 g F, 3 g KH

So trendy kann Gemüse sein!

Mogelpackung: Was auf dem Teller aussieht wie bunte Bandnudeln mit Sauce, entpuppt sich beim genauen Hinschauen als feine Gemüsestreifen. Wer einen Spiralschneider hat, kann auch falsche Spaghetti aus dem Gemüse kurbeln.

GRÜNKERN-BRATLINGE
mit Möhren und Petersilie

FÜR 4 PERSONEN

250 g Grünkernkörner
1 Bund glatte Petersilie
1 Zwiebel
1 Knoblauchzehe
2 große Möhren (ca. 200 g)
50 g Rapsöl
10 g Instant-Gemüsebrühe
2 Eier (M)
15 g Sojasauce (3 TL)
50 g Semmelbrösel
Salz | Pfeffer
½ TL mildes Currypulver
(nach Belieben)

Zubereitung: 50 Min.
+ 15 Min. Garen
+ 30 Min. Quellen
Pro Portion ca. 425 kcal,
13 g EW, 18 g F, 53 g KH

1 Den Grünkern im Mixtopf 12 Sek./Stufe 8 schroten (Achtung laut!), dann in eine Schüssel umfüllen. Die Petersilie waschen, gut trocken tupfen, von groben Stielen befreien und im Mixtopf 3 Sek./Stufe 8 hacken.

2 Die Zwiebel schälen und halbieren. Den Knoblauch schälen, mit der Zwiebel zur Petersilie in den Mixtopf geben und alles 2 Sek./Stufe 5 hacken. Die Möhren schälen, in 2 cm lange Stücke schneiden, in den Mixtopf geben und 5 Sek./Stufe 6 zerkleinern. 10 g Öl (1 EL) hinzufügen und das Gemüse 4 Min./120°/Stufe 1 dünsten.

3 Grünkern, Gemüsebrühe sowie 400 g Wasser dazugeben und alles 15 Min./100°/Stufe 1 garen. Den Mixtopf aus dem Grundgerät nehmen und die Masse im Topf mindestens 30 Min. abkühlen und ausquellen lassen.

4 Eier, Sojasauce, Semmelbrösel, je ½ TL Salz sowie Pfeffer und nach Belieben Currypulver zum Teig im Mixtopf geben. Die Zutaten 30 Sek./Linkslauf/Stufe 4 verrühren.

5 Das restliche Öl in einer großen Pfanne erhitzen. Aus dem weichen Teig portionsweise mit feuchten Händen ca. 20 Bratlinge formen und diese in der Pfanne bei mittlerer Hitze auf jeder Seite ca. 5 Min. braun braten. Aus der Pfanne nehmen und auf Küchenpapier entfetten. Dazu passen Rohkost und ein Dip.

ZUCCHINI-RÖSTI
mit Estragon-Hollandaise

FÜR 4 PERSONEN

Für die Zucchini-Rösti:

2 kleine Zucchini (ca. 500 g)

Salz

1 Bund glatte Petersilie

50 g Parmesan

1 Knoblauchzehe

1 Zwiebel

2 Eier (M)

40 g Mehl

frisch geriebene Muskatnuss

Pfeffer

4 EL Rapsöl zum Braten

Für die Sauce hollandaise:

250 g Butter (in Scheiben)

10 g Balsamico bianco (1 EL;
ersatzweise Zitronensaft)

3 Eigelb

Salz | Pfeffer

2 TL getrockneter Estragon

Zubereitung: 55 Min.
Pro Portion ca. 760 kcal,
13 g EW, 73 g F, 11 g KH

1 Für die Rösti Zucchini putzen, waschen, längs halbieren und in 3 cm dicke Scheiben schneiden. Im Mixtopf 2 Sek./Stufe 5 hacken. Eine Schüssel mit einem sauberen Küchentuch auslegen, Zucchini darin mit 1 TL Salz bestreuen und 10 Min. Saft ziehen lassen.

2 Petersilie waschen, gut trocken tupfen, von groben Stielen befreien und im Mixtopf 3 Sek./Stufe 8 hacken. Parmesan in 2 cm große Stücke schneiden. Knoblauch schälen, mit dem Parmesan in den Mixtopf geben und alles 15 Sek./Stufe 10 hacken. Zwiebel schälen, halbieren, dazugeben und 3 Sek./Stufe 5 hacken. Mixgut mit dem Spatel am Topfrand nach unten schieben. Eier, Mehl, 1 Prise Muskat, 1 TL Salz, 1 Msp. Pfeffer sowie die gut ausgedrückten Zucchini dazugeben und 30 Sek./Linkslauf/Stufe 3 verrühren.

3 Backofen auf 50° vorheizen. Öl in einer großen beschichteten Pfanne erhitzen. Pro Rösti je 1 EL Teig hineingeben, flach drücken und die Unterseite bei mittlerer Hitze in 2–3 Min. goldbraun braten. Wenden und die andere Seite in 2–3 Min. goldbraun braten. Auf Küchenpapier entfetten, im Ofen warm halten. Mixtopf ausspülen.

4 Für die Sauce Butter im Mixtopf 5 Min./70°/Stufe 1 zerlassen, in ein Kännchen umfüllen. Rühraufsatz in den Mixtopf einsetzen. 60 g Wasser, Balsamico, Eigelbe, ½ TL Salz, 1 Msp. Pfeffer und Estragon im Mixtopf 2 Min./70°/Stufe 4 erhitzen. Auf 5 Min./70°/Stufe 4 einstellen. Butter bei laufendem Gerät auf den Mixtopfdeckel gießen, sodass sie in den Mixtopf fließt. Sofort mit den Rösti servieren.

Schmeckt auch zum
Spargel prima!

KARTOFFELGRATIN
mit Kohlrabi

FÜR 4 PERSONEN

2 Kohlrabi (ca. 600 g) | Salz | Pfeffer |
frisch geriebene Muskatnuss | 4 Tomaten (ca. 400 g) |
400 g mehligkochende Kartoffeln | 100 g Emmentaler
(ersatzweise Appenzeller oder Bergkäse) | 3 Eier (M) |
200 g saure Sahne

Zubereitung: 15 Min. + 1 Std. Backen

Pro Portion ca. 355 kcal, 18 g EW, 22 g F, 20 g KH

1 Backofen auf 175° vorheizen. Kohlrabi schälen, in 3 cm große Stücke schneiden und im Mixtopf 3 Sek./Stufe 5 hacken. In einer flachen Auflaufform (ca. 30 × 20 cm) verteilen. 1 TL Salz, 1 Msp. Pfeffer und 1 Prise Muskatnuss darüberstreuen. Tomaten waschen und in dünne Scheiben schneiden, dabei die Stielansätze entfernen. Die Hälfte der Tomatenscheiben auf den Kohlrabi verteilen.

2 Kartoffeln schälen, in dünne Scheiben hobeln und auf den Tomaten verteilen. Mit 1 TL Salz, 1 Msp. Pfeffer und 1 Prise Muskatnuss bestreuen. Mit den restlichen Tomatenscheiben belegen.

3 Für den Guss den Käse im Mixtopf 10 Sek./Stufe 7 hacken. Eier, saure Sahne, 1 TL Salz sowie 1 Msp. Pfeffer hinzufügen und alles 4 Sek./Stufe 4 verrühren. Die Sauce über den Tomaten verteilen. Das Gratin im Ofen (Mitte) ca. 1 Std. backen, bis die Kartoffeln weich sind. Dazu passt Blattsalat.

TIPP

Käse lässt sich gefroren, oder zumindest gut gekühlt, am besten hacken.

MÖHRENGRATIN
mit Lauch

FÜR 4 PERSONEN

400 g Möhren | 1 dünne Stange Lauch (ca. 200 g) |
200 g Bergkäse | ¼ TL Instant-Gemüsebrühe |
200 g Sahne | 10 g Sojasauce (1 EL) | Pfeffer |
frisch geriebene Muskatnuss (nach Belieben)

Zubereitung: 10 Min. + 30 Min. Backen

Pro Portion ca. 380 kcal, 17 g EW, 31 g F, 7 g KH

1 Den Backofen auf 175° vorheizen. Die Möhren schälen, in 3 cm große Stücke schneiden und in den Mixtopf geben. Mit dem Deckel verschließen.

2 Den Lauch putzen und gründlich waschen. Die Stange mit dem Grün nach unten in die Öffnung im Mixtopfdeckel halten, den Thermomix auf 3 Sek./Stufe 6 einstellen und den Lauch in das laufende Gerät gleiten lassen. Das Gemüse in einer Auflaufform (ca. 30 × 20 cm) verteilen.

3 Den Käse in 2 cm große Stücke schneiden und im Mixtopf 5 Sek./Stufe 4 hacken, dann umfüllen. Zwei Drittel des Käses unter das Gemüse mischen. Brühe, 50 g Wasser, Sahne, Sojasauce, ½ TL Pfeffer und nach Belieben 1 Prise Muskat im Mixtopf 5 Sek./Stufe 4 verrühren und über das Gemüse gießen. Restlichen Käse daraufstreuen. Das Gratin im Ofen (Mitte) in ca. 30 Min. goldbraun backen. Dazu passt Reis oder auch Baguette.

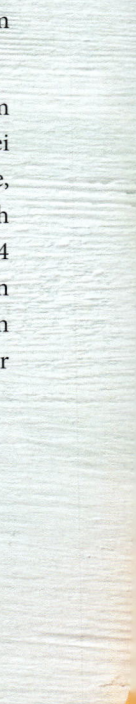

Gemüse im Käseversteck!

Gratinierte
WIRSINGKUGELN

FÜR 4 PERSONEN

1 mittelgroßer Wirsing (ca. 800 g) | Salz |
1 Bund glatte Petersilie | 200 g Sahne |
frisch geriebene Muskatnuss | Cayennepfeffer |
200 g Gouda | 3 EL Semmelbrösel | 20 g Butter

Zubereitung: 20 Min. + 20 Min. Blanchieren
+ 20 Min. Backen

Pro Portion ca. 410 kcal, 21 g EW, 29 g F, 14 g KH

1 Den Wirsing putzen und in die einzelnen Blätter teilen, die dicken Blattrippen herausschneiden. Die Blätter waschen und in den Varoma-Behälter legen. 800 g Wasser und 15 g Salz in den Mixtopf geben. Den Varoma-Behälter auf den Mixtopfdeckel stellen. Wirsing 20 Min./Varoma / Stufe 1 weich blanchieren.

2 Den Backofen auf 160° vorheizen. Den Varoma-Behälter abnehmen. Die Wirsingblätter zu tischtennisgroßen Kugeln formen und in eine große, flache Auflaufform legen. Den Mixtopf leeren.

3 Die Petersilie waschen, gut trocken tupfen und im Mixtopf 3 Sek./Stufe 8 hacken. Das Mixgut mit dem Spatel am Topfrand nach unten schieben. Sahne, 1 Prise Muskat, 1 Msp. Cayennepfeffer sowie ½ TL Salz dazugeben und alles 3 Sek./Stufe 3 verrühren. Die Sauce auf dem Wirsing verteilen.

4 Den Gouda in 2 cm große Stücke schneiden, im Mixtopf 2 Sek./Stufe 8 hacken und auf den Wirsing streuen. Semmelbrösel und Butter in Stückchen darauf verteilen. Im Ofen (Mitte) ca. 20 Min. backen.

CHINAKOHLGRATIN
mit Curryhaube

FÜR 4 PERSONEN

3 EL Mandelblättchen | 70 g Gouda (nach Belieben) |
½ Chinakohl (ca. 400 g) | Salz | Pfeffer | 1 Zwiebel |
20 g Butter | 20 g Mehl | 1 EL mildes Currypulver |
200 g Vollmilch | 3 hart gekochte Eier

Zubereitung: 25 Min. + 30 Min. Backen

Pro Portion ca. 270 kcal, 15 g EW, 20 g F, 8 g KH

1 Den Backofen auf 175° vorheizen. Die Mandelblättchen in einer Pfanne bei mittlerer Hitze ca. 3 Min. rösten, dann beiseitestellen. Nach Belieben den Gouda in 2 cm große Stücke schneiden, im Mixtopf 10 Sek./Stufe 4 hacken und umfüllen.

2 Chinakohl putzen, vom Strunk befreien, waschen und quer in 4 cm breite Stücke schneiden. Im Mixtopf mithilfe des Spatels 15 Sek./Stufe 5 zerkleinern. In einer flachen Auflaufform (ca. 30 × 20 cm) verteilen und mit 1 TL Salz sowie ½ TL Pfeffer bestreuen.

3 Zwiebel schälen, halbieren und im Mixtopf 5 Sek./Stufe 5 hacken. Mit dem Spatel am Topfrand nach unten schieben. Butter hinzufügen und die Zwiebel 3 Min./100°/Stufe 1 dünsten. Mehl sowie Currypulver darübergeben und 3 Min./100°/Stufe 1 anschwitzen. Milch angießen und 5 Min./90°/Stufe 4 erhitzen. Mandelblättchen, Käse, ½ TL Salz sowie 1 Msp. Pfeffer hinzufügen und 8 Sek./Stufe 3 unterrühren.

4 Die Eier schälen, längs vierteln und auf dem Chinakohl verteilen. Sauce darübergießen. Das Gratin im Ofen (Mitte) ca. 30 Min. backen.

Vollkornmehl ist gesünder
und macht länger satt.

SPINATTORTE
mit Emmentaler

SPINATTASCHEN
mit Feta

FÜR 1 SPRINGFORM (26 CM Ø, 8 STÜCKE)

300 g Baby-Blattspinat (ersatzweise TK-Ware) | Salz |
150 g Frischkäse (Doppelrahmstufe) | 120 g Mehl |
250 g Magerquark | 4 Eier (M) | 1 TL edelsüßes
Paprikapulver | frisch geriebene Muskatnuss | Pfeffer |
100 g Emmentaler (nach Belieben) | Öl für die Form
Zubereitung: 20 Min. + 15 Min. Blanchieren
+ 25 Min. Backen
Pro Stück ca. 220 kcal, 15 g EW, 12 g F, 13 g KH

FÜR 8 STÜCK

200 g Dinkelvollkornmehl | 200 g Magerquark |
200 g Butter | Salz | 600 g Blattspinat | 1 Zwiebel |
2 Knoblauchzehen | 10 g Olivenöl (1 EL) |
200 g Schafskäse (Feta) | 1 Ei (M) | 5 g Zucker (1 TL) |
frisch geriebene Muskatnuss | Pfeffer | Mehl zum
Arbeiten | Milch zum Bestreichen
Zubereitung: 30 Min. + 30 Min. Backen
Pro Stück ca. 385 kcal, 15 g EW, 28 g F, 18 g KH

1 Backofen auf 160° vorheizen. Spinat verlesen und waschen. Zum Blanchieren oder Auftauen in den Varoma-Behälter legen. 500 g Wasser und 1 TL Salz in den Mixtopf geben und den Varoma-Behälter auf den Mixtopfdeckel stellen. Spinat 15 Min./120°/Stufe 1 blanchieren. Die Springform mit Öl fetten.

2 Varoma-Behälter mit dem Spinat abnehmen. Mixtopf leeren. Frischkäse, Mehl, Quark, Eier, Paprikapulver, 1 Prise Muskat, 1 TL Salz und 1 Msp. Pfeffer im Mixtopf 20 Sek./Stufe 3 verrühren. Spinat 5 Sek./Stufe 3 unterrühren.

3 Teig in die Form geben und im Ofen (Mitte) ca. 25 Min. backen. Inzwischen Mixtopf kalt ausspülen. Nach Belieben Emmentaler im Mixtopf 2 Sek./Stufe 8 hacken. Käse ca. 5 Min. vor Ende der Backzeit auf die Spinattorte streuen.

VARIANTE MANGOLDTORTE

Statt Spinat können Sie auch Mangold verwenden. Diesen in 1 cm breite Streifen schneiden und 25 Min./Varoma/Stufe 1 im Varoma-Behälter blanchieren.

1 Mehl, Quark, Butter und ½ TL Salz im Mixtopf 2 Min./Teigstufe verkneten. In eine Schüssel umfüllen und zugedeckt 10 Min. kalt stellen.

2 Inzwischen Spinat verlesen, waschen und trocken schleudern. Zwiebel schälen, halbieren. Knoblauch schälen. Zwiebel, Knoblauch und Öl im Mixtopf 6 Sek./Stufe 5 hacken. Nach unten schieben, dann 4 Min./120°/Stufe 1 dünsten. Hälfte des Spinats hinzufügen und 1:30 Min./100°/Stufe 1 zusammenfallen lassen. Restlichen Spinat dazugeben und 5 Min./100°/Stufe 1 weiterdünsten. 10 Sek./Stufe 5 pürieren. Käse, Ei, Zucker, ½ TL Salz, 1 Prise Muskat sowie 1 Msp. Pfeffer 20 Sek./Linkslauf/Stufe 3 unterrühren. Falls die Füllung flüssig ist, in den Gareinsatz abgießen.

3 Backofen auf 180° vorheizen. Backblech mit Backpapier auslegen. Teig zu 8 Kugeln formen, diese auf bemehlter Arbeitsfläche zu Kreisen von je 9 cm Ø ausrollen. Füllung mittig darauf verteilen, dabei den Rand frei lassen. Zu Halbkreisen zusammenklappen und die Ränder mit einer Gabel gut andrücken. Auf das Blech legen, mit Milch bestreichen und im Ofen (Mitte) in ca. 30 Min. goldbraun backen. Warm servieren.

ROTE-BETE-QUICHE
mit Schafskäse

FÜR 1 QUICHE- ODER SPRINGFORM (26 CM Ø, 12 STÜCKE)

Für den Teig:

125 g Butter

250 g Dinkelvollkornmehl

1 Ei (M) | Salz

Für Belag und Guss:

3 Zweige Thymian (ersatzweise 1 TL getrockeneter Thymian)

2 Zweige Oregano (ersatzweise ½ TL getrockneter Oregano)

200 g Frischkäse (Doppelrahmstufe)

2 Eier (M)

30 g süßer Senf

Salz | Pfeffer

600 g Rote Bete (vorgegart und vakuumiert)

150 g Schafskäse (Feta)

Außerdem:

Butter für die Form

Zubereitung: 15 Min.
+ 20 Min. Backen
Pro Stück ca. 260 kcal,
9 g EW, 17 g F, 17 g KH

1 Den Backofen auf 175° vorheizen. Die Form mit Butter fetten. Für den Teig die Butter in dicken Scheiben mit Mehl, Ei, und 1 TL Salz im Mixtopf 20 Sek./Stufe 4 zu Streuseln verkneten. Die Streusel in der Form verteilen und an Rand und Boden mit der Hand andrücken, sodass ein geschlossener Teigboden entsteht. Teigboden im Ofen (Mitte) ca. 15 Min. vorbacken.

2 Für den Guss Thymian- und Oreganozweige waschen und gut trocken tupfen. Die Blättchen von den Stielen streifen und im Mixtopf 3 Sek./Stufe 8 hacken. Frischkäse, Eier, Senf, 1 TL Salz sowie ½ TL Pfeffer dazugeben und alles 10 Sek./Stufe 3 verrühren.

3 Für den Belag die Rote Bete in dünne Scheiben schneiden und auf den vorgebackenen Teigboden schichten.

4 Den Frischkäseguss gleichmäßig über die Rote Bete gießen. Den Schafskäse im Mixtopf 3 Sek./Stufe 4 zerkrümeln und daraufstreuen. Die Quiche im Ofen (Mitte) in ca. 20 Min. goldbraun backen.

INFO

Vorgegarte Rote Bete finden Sie in der Gemüseabteilung des Supermarktes, sie sind sogar schon geschält – ideal für die schnelle Familienküche! Wer frische Knollen verwenden möchte, kocht diese zunächst ca. 40 Min. in einem Topf mit Wasser.

ZWIEBELQUICHE
mit Aubergine

FÜR 1 QUICHEFORM (26 CM Ø, 12 STÜCKE)
500 g Schalotten | ½ Aubergine (ca. 140 g) |
4 EL Olivenöl | 2 EL brauner Zucker | Salz |
1 EL Limettensaft | 100 ml Traubensaft | 2 EL Aceto
balsamico | 1 TL getrockneter Majoran |
1 TL getrockneter Oregano | 1 TL getrockneter
Thymian | Pfeffer | 250 g Mehl | 1 TL Backpulver |
125 g Magerquark | 125 g Butter | 200 g Schafskäse
(Feta) | Öl für die Form
Zubereitung: 40 Min. + 30 Min. Backen
Pro Stück ca. 250 kcal, 7 g EW, 15 g F, 21 g KH

1 Schalotten schälen und vierteln, große Viertel quer halbieren. Aubergine putzen, waschen, 3 cm groß würfeln und im Mixtopf 2 Sek./Stufe 5 hacken.

2 In einer Pfanne 2 EL Olivenöl erhitzen und die Aubergine darin offen 3 Min. dünsten. In eine Schüssel geben. Restliches Öl in der Pfanne erhitzen und die Schalotten darin zugedeckt 5 Min. dünsten. Mit Zucker und ½ TL Salz bestreuen und unter Rühren 3 Min. karamellisieren. Limetten- und Traubensaft sowie Aceto balsamico hinzufügen und alles offen bei mittlerer Hitze 10 Min. etwa auf die Hälfte einköcheln lassen. Schalotten, Kräuter sowie je 1 Msp. Salz und Pfeffer mit den Auberginen mischen.

3 Backofen auf 175° vorheizen. Form mit Öl fetten. Mehl, 1 TL Salz, Backpulver, Quark und Butter in dicken Scheiben im Mixtopf 2 Min./Teigstufe krümelig kneten. In der Form verteilen und mit der Hand am Rand und Boden andrücken, sodass ein geschlossener Teigboden entsteht. Belag darauf verteilen. Käse im Mixtopf 3 Sek./Stufe 4 zerkrümeln und daraufstreuen. Im Ofen (Mitte) in ca. 30 Min. goldbraun backen.

FENCHELQUICHE
mit Blätterteig

FÜR 1 BACKBLECH (6 STÜCKE)
1 Rolle Blätterteig (275 g, Kühlregal) | 150 g Gouda |
1 Bund Petersilie | 1 Knoblauchzehe | 15 g Olivenöl
(3 TL) | 1 Fenchelknolle (ca. 400 g) | 80 g getrocknete
Tomaten (in Öl eingelegt) | 3 Eier (M) | 100 g Sahne |
200 g Kräuterfrischkäse (Doppelrahmstufe) | ½ TL
gemahlene Kurkuma |
Salz | Pfeffer
Zubereitung: 20 Min. + 20 Min. Backen
Pro Stück ca. 470 kcal, 18 g EW, 36 g F, 19 g KH

1 Backofen auf 180° vorheizen. Blätterteig ausrollen und auf dem Trennpapier auf ein Backblech legen. Im Ofen (Mitte) 10 Min. vorbacken.

2 Gouda in 2 cm große Stücke schneiden, im Mixtopf 12 Sek./Stufe 5 hacken, dann umfüllen. Petersilie waschen und gut trocken tupfen, grobe Stiele entfernen. Knoblauch schälen und mit der Petersilie im Mixtopf 3 Sek./Stufe 8 hacken. Mit dem Spatel am Topfrand nach unten schieben. Öl hinzufügen und alles 3 Min./120°/Stufe 1 dünsten.

3 Fenchel putzen, waschen, vierteln und in 3 cm große Stücke schneiden. In den Mixtopf geben und 6 Sek./Stufe 5 hacken. Mit dem Spatel am Topfrand nach unten schieben, dann 10 Min./100°/Linkslauf / Stufe 1 dünsten. Auf dem Blätterteig verteilen.

4 Tomaten im Mixtopf 3 Sek./Stufe 8 hacken. Eier, Sahne, Frischkäse, Kurkuma, 1 TL Salz und ½ TL Pfeffer 2 Min./Stufe 3 unterrühren. Mischung über dem Fenchel verteilen und mit Gouda bestreuen. Die Quiche im Ofen (Mitte) in 20 Min. fertig backen.

Dazu schmeckt eine
fruchtige Traubenschorle!

Schnittlauch-
FLAMMKUCHEN

FÜR 1 BACKBLECH (6 STÜCKE)

Für den Boden:
1 Prise Zucker
½ Würfel Hefe (21 g)
250 g Mehl
Salz

Für den Belag:
1 Bund Schnittlauch
2 Eier (M)
200 g Crème fraîche
Salz | Pfeffer
½ TL Kümmelsamen
(nach Belieben)

Außerdem:
Öl für das Blech
Mehl zum Arbeiten

Zubereitung: 20 Min.
+ 30 Min. Gehen
+ 15 Min. Backen
Pro Stück ca. 295 kcal,
8 g EW, 16 g F, 31 g KH

1 Für den Boden 125 g Wasser, den Zucker und die Hefe im Mixtopf 3 Min./37°/Stufe 2 verrühren und anwärmen. Das Mehl und ½ TL Salz zu der Hefemischung geben und alles 2 Min./Teigstufe verkneten. Den Teig in eine Schüssel umfüllen und zugedeckt mindestens 30 Min. gehen lassen.

2 Den Backofen auf 180° vorheizen. Ein Backblech mit Öl fetten. Für den Belag den Schnittlauch waschen, gut trocken tupfen und in feine Röllchen schneiden. Mit Eiern, Crème fraîche, 1 TL Salz, 1 Msp. Pfeffer und nach Belieben den Kümmelsamen im Mixtopf 10 Sek./Stufe 3 verrühren.

3 Den Teig mit wenig Mehl auf dem Backblech dünn ausrollen und den Belag gleichmäßig darauf verteilen. Den Flammkuchen im Ofen (Mitte) in ca. 15 Min. knusprig backen.

VARIANTE SPARGEL-FLAMMKUCHEN

Besonders edel wird der Flammkuchen mit grünem Spargel anstelle von Schnittlauch. Dafür 500 g grünen Spargel waschen und die Enden abschneiden. Stangen im unteren Drittel schälen und in 4 cm lange Stücke schneiden. Mixtopf mit 600 g Wasser, 1 TL Salz und 1 Prise Zucker füllen. Spargel im Varoma-Behälter auf den Mixtopfdeckel setzen, 15 Min./Varoma / Stufe 1 dampfgaren. Spargel auf dem ausgerollten Teig verteilen. Eierguss wie oben beschrieben zubereiten und darübergeben. Im Ofen (Mitte) ca. 15 Min. backen.

Mediterrane
PIZZATORTE

1 Backofen auf 175° vorheizen. Die Form am Boden und am Rand mit Öl fetten. Käse von der Rinde befreien, in 2 cm große Stücke schneiden und im Mixtopf 10 Sek./Stufe 4 hacken. In einer Schüssel beiseitestellen. Champignons putzen, bei Bedarf mit einem Tuch abreiben und in 3 cm große Stücke schneiden. Paprika halbieren, weiße Trennwände und Kerne entfernen. Hälften waschen und in 3 cm große Stücke schneiden. Champignons und Paprika im Mixtopf 2 Sek./Stufe 4 hacken. In eine Schüssel umfüllen.

2 Oregano, Majoran sowie Basilikum waschen und gut trocken tupfen, die Blättchen von den Stielen in den Mixtopf streifen und 4 Sek./Stufe 8 hacken. Mit dem Spatel nach unten schieben.

3 Zwiebel schälen und halbieren. Knoblauch schälen. Zwiebel, Knoblauch und die getrockneten Tomaten in den Mixtopf geben und alles 4 Sek./Stufe 8 hacken. Das Mixgut mit dem Spatel am Topfrand nach unten schieben.

4 Eier, Butter in dicken Scheiben sowie je ½ TL Salz und Pfeffer in den Mixtopf geben und 20 Sek./Stufe 5 unterrühren. Mehl und Backpulver 10 Sek./Stufe 4 untermengen. Die Hälfte des Käses sowie die Pilz-Paprika-Mischung 5 Sek./Linkslauf / Stufe 3 unterrühren. Den Teig in die Form füllen und mit einem Löffelrücken glatt streichen. Restlichen Käse daraufstreuen. Pizzatorte im Ofen (Mitte) ca. 25 Min. backen.

TIPP

Statt der Einzelkräuter Oregano, Majoran und Basilikum können Sie 15 g italienische TK-Kräuter verwenden.

Für
DESSERTS
gibt's einen Extra-Magen

EISKALTE SCHLECKEREIEN
Schmecken nicht nur im Sommer

BEEREINEIS MIT JOGHURT
FÜR 4 PERSONEN

Nach Belieben 30 g Zucker und 1 Pck. Vanillezucker im Mixtopf 10 Sek./Stufe 10 pulverisieren. Mixgut mit dem Spatel am Topfrand nach unten schieben. 300 g TK-Erdbeeren (ersatzweise TK-Himbeeren) und 150 g griechischen Joghurt dazugeben und alles 30 Sek./Stufe 6 cremig rühren (Achtung laut!). Eis auf Dessertschalen verteilen und mit 2 EL Schokoladenrapseln bestreuen. Sofort servieren.

Zubereitung: 5 Min.
Pro Portion ca. 105 kcal, 2 g EW, 4 g F, 16 g KH

SCHOKOKUSS-EIS MIT ORANGE
FÜR 4 PERSONEN

Rühraufsatz in den Mixtopf stecken. 250 g Sahne mit 2 Pck. Sahnefestiger im Mixtopf 1 Min./Stufe 3 schlagen, dann ohne Zeitvorgabe auf Stufe 3 steif schlagen. Rühraufsatz herausziehen. Abgeriebene Schale von ¼ Bio-Orange hinzufügen. 10 Schokoküsse ohne Waffelböden (diese für die Deko beiseitelegen) 10 Sek./Stufe 4 unterrühren. Creme in einer flachen Schale mit Deckel mindestens 3 Std. tiefkühlen. Eis vor dem Servieren im Mixtopf 8 Sek./Stufe 8 cremig rühren (Achtung laut!). Mit Waffelböden anrichten.

Zubereitung: 10 Min. + 3 Std. Tiefkühlen
Pro Portion ca. 280 kcal, 2 g EW, 23 g F, 15 g KH

BANANEN-STRACCIATELLA-EIS
FÜR 4 PERSONEN

4 Bananen schälen, in 3 cm lange Stücke schneiden und mindestens 4 Std. tiefkühlen. 50 g Zartbitterschokolade in 3 cm große Stücke brechen und im Mixtopf 5 Sek./Stufe 7 hacken. Bananenstücke hinzufügen und 10 Sek./Stufe 7 hacken (Achtung laut!). 10 g Limettensaft 20 Sek./Stufe 7 unterrühren. Eis auf Dessertschalen verteilen und sofort servieren.

Zubereitung: 10 Min. + 4 Std. Tiefkühlen
Pro Portion ca. 160 kcal, 2 g EW, 5 g F, 25 g KH

MANGO-ORANGEN-SORBET
FÜR 4 PERSONEN

½ Orange kühl stellen. 200 g Mangofruchtfleisch in 3 cm große Stücke schneiden und mindestens 4 Std. tiefkühlen. ½ EL Kokosrapsel in einer Pfanne leicht rösten, abkühlen lassen. Orange schälen, in 3 cm große Stücke schneiden und 10 Sek./Stufe 7 im Mixtopf pürieren. Mango hinzufügen und 20 Sek./Stufe 7 pürieren (Achtung laut!). 1 Grapefruit schälen und filetieren. 8 Basilikumblättchen waschen und trocken tupfen. Vom Sorbet mit einem Löffel Nocken abstechen. Mit Grapefruit, Basilikum und Kokosraspeln anrichten. Sofort servieren.

Zubereitung: 10 Min. + 4 Std. Tiefkühlen
Pro Portion ca. 65 kcal, 1 g EW, 1 g F, 11 g KH

Mit tiefgekühlten Früchten zaubert der Thermomix im Handumdrehen köstliches Eis und Sorbet – deshalb immer daran denken, frisches Obst rechtzeitig einzufrieren oder aber einen Vorrat an TK-Früchten im Tiefkühlfach bereit zu halten!

OBSTSALAT
mit Mascarponecreme

FÜR 4 PERSONEN

Für den Obstsalat:
250 g vollreife Brombeeren
1 EL brauner Zucker
½ Honigmelone (ca. 750 g)
2 EL Ahornsirup
1 Msp. gemahlener Ingwer
1 EL Sonnenblumenkerne

Für die Mascarponecreme:
½ Bio-Zitrone
2 Pck. Vanillezucker
250 g Quark (10 % Fett i. Tr.)
50 g Mascarpone
50 g Vollmilch

Zubereitung: 30 Min.
Pro Portion ca. 280 kcal,
12 g EW, 9 g F, 35 g KH

1 Für den Salat die Brombeeren verlesen, abbrausen und mit Küchenpapier trocken tupfen. In einer Schüssel mit dem Zucker bestreuen und ca. 10 Min. durchziehen lassen.

2 Inzwischen für die Creme die Zitrone waschen und trocken reiben. Die Schale mit dem Sparschäler dünn abschälen, den Saft auspressen und für die Creme beiseitestellen. Zitronenschale mit Vanillezucker im Mixtopf 10 Sek./Stufe 10 pulverisieren. Quark, Mascarpone sowie Milch hinzufügen und alles 20 Sek./Stufe 4 glatt rühren. Die Creme in eine Schüssel umfüllen. Mixtopf spülen.

3 Für den Salat die Honigmelone quer halbieren, die Kerne mit einem Löffel herauskratzen. Das Fruchtfleisch zunächst aus der Schale, dann in 3 cm große Stücke schneiden. Im Mixtopf 3 Sek./Stufe 4 hacken, dann in eine große Schüssel umfüllen.

4 Gezuckerte Beeren in den Gareinsatz abgießen, dabei den Saft auffangen. Die Beeren zu den Melonenstücken geben. Beiseitegestellten Zitronensaft, aufgefangenen Beerensaft, Ahornsirup und Ingwer verrühren und zu den Früchten geben.

5 Die Sonnenblumenkerne in einer Pfanne bei mittlerer Hitze ca. 3 Min. rösten. Mascarponecreme und Salat auf Gläser verteilen und mit Sonnenblumenkernen bestreuen.

TIPP

Falls die Brombeeren noch sehr fest sind und keinen Saft abgeben, zusätzlich 1 EL Johannisbeergelee unter den Zitronensaft rühren.

ZIMT-POLENTA
mit Weintrauben

FÜR 4 PERSONEN

300 g kernlose weiße Weintrauben | 160 g Maisgrieß
(Polenta) | 2 Pck. Vanillezucker | 700 g Vollmilch |
25 g Ahornsirup | 1 EL Zucker | ½ TL Zimtpulver
Zubereitung: 5 Min. + 15 Min. Kochen
+ 15 Min. Abkühlen
Pro Portion ca. 345 kcal, 10 g EW, 7 g F, 61 g KH

1 Die Weintrauben waschen, trocken tupfen und von
den Stielen zupfen. Den Maisgrieß mit Vanillezucker,
Milch und Weintrauben im Mixtopf 15 Min./100°/
Linkslauf / Stufe 2 kochen.

2 Den Ahornsirup in den Mixtopf geben und 5 Sek./
Stufe 3 unterrühren. Die Polenta in eine Schüssel umfüllen und mindestens 15 Min. abkühlen lassen.

3 Den Zucker und das Zimtpulver vermischen. Die
Polenta mit dem Zimtzucker bestreuen. Dazu passen
Mandel-Schoko-Aufstrich und Himbeer-Fruchtauf-
strich (beide s. S. 30).

Wie auf der Skihütte ...

So ein
APFELSCHMARRN

FÜR 4 PERSONEN

½ Bio-Zitrone | 50 g Zucker | 4 Äpfel (z. B. Elstar) |
4 Eier (M) | Salz | 125 g Mehl | 20 g Vollmilch (2 EL) |
4 EL Butterschmalz zum Ausbacken |
Puderzucker zum Bestäuben
Zubereitung: 50 Min.
Pro Portion ca. 425 kcal, 10 g EW, 22 g F, 47 g KH

1 Zitrone waschen und trocken reiben. Schale mit
dem Sparschäler dünn abschälen und mit 20 g Zucker
im Mixtopf 10 Sek./Stufe 10 pulverisieren. Mit dem
Spatel am Topfrand nach unten schieben. Zitronensaft auspressen. Äpfel schälen, vierteln, entkernen und
längs in schmale Spalten schneiden, mit Zitronensaft
und 50 g Wasser mischen.

2 Rühraufsatz in den Mixtopf stecken. Eier und 1 Prise Salz zur Zuckermischung in den Mixtopf geben und
alles 6 Min./37°/Stufe 4 schaumig rühren. Mehl und
Milch 5 Sek./Stufe 2 unterheben.

3 Äpfel in den Gareinsatz abgießen. In einer großen
beschichteten Pfanne 1 EL Butterschmalz erhitzen und
die Hälfte der Äpfel darin bei mittlerer Hitze offen in
ca. 3 Min. bissfest dünsten. 1 EL Zucker daraufstreuen
und karamellisieren lassen.

4 Hälfte des Teigs darüber verteilen, zugedeckt 5 Min.
backen. Wenden und offen auf der anderen Seite
3 Min. backen. 1 EL Butterschmalz hinzufügen, Teig
in Stücke reißen und ca. 2 Min. weiterbacken. Aus der
Pfanne nehmen und warm halten. Aus den restlichen
Zutaten auf die gleiche Weise einen Schmarrn backen.
Warm mit Puderzucker bestäubt servieren.

1 Erdbeershake

2 Granola

FAMILY-HIGHLIGHTS

Süßes, das nicht fehlen darf

3 Nuss-Nugat-Creme

4 Ananas-Bananen-Smoothie

5 Softeis

6 Pfannkuchen

1

500 g Erdbeeren, 20 g Puderzucker und 250 g Joghurt in
den Mixbecher wiegen.
20 Sek./Stufe 2–8 pürieren
und mixen, dabei die Stufe
schrittweise steigern.

2

100 g gemischte Nusskerne
2 Sek./Stufe 8 etwas zerkleinern (Achtung laut!). 200 g Getreideflocken, 30 g Öl,
100 g Ahornsirup und 1 TL
gemahlene Bourbon-Vanille
30 Sek./Stufe 1 untermischen.
Auf einem Backblech verteilen,
bei 180° ca. 12–15 Min. rösten.

3

200 g Haselnusskerne in
einer Pfanne rösten, dann in
einem Sieb die dunklen
Häutchen teils abreiben.
Nüsse 30 Sek./Stufe 5–10
fein mahlen (Achtung laut!),
zwischendurch nach unten
schieben. 20 g Kakaopulver,
100 g Zucker und je
60 g Kokos- und Rapsöl
einwiegen, 3 Min./60°/
Stufe 3 vermengen. Kühl
aufbewahren.

4

300 g Ananasfruchtfleisch, 1 geschälte Banane (in Scheiben),
300 g Orangensaft, 10 g Instant-
Haferflocken und 20 g Vanillezucker
einwiegen. 20 Sek./Stufe 2–8
stufenweise ansteigend pürieren.

5

50 g Zucker und 1 Stück Bio-Limettenschale 5 Sek./Stufe 10 zerkleinern. 300 g gemischte TK-Beeren
dazugeben, 10 Sek./Stufe 7 zerkleinern (Achtung laut!). Rühraufsatz
einsetzen, 1 Eiweiß (M) 2 Min./
Stufe 4 unterschlagen.

6

Rühraufsatz einsetzen, 4 Eier (M),
125 g Milch, 125 g Mehl und
evtl. 1 EL Zucker in den Mixtopf
geben, 10 Sek./Stufe 4 aufschlagen.
4 Pfannkuchen daraus backen.

Aprikosen unter
ORANGENPUDDING
mit Cookies-Topping

2 Schokocookies (ca. 20 g)

250 g Zuckeraprikosen (ersatzweise Aprikosen aus der Dose)

200 g Orangensaft

1 Eigelb (M)

5 g Zucker (1 TL)

2 Pck. Vanillezucker

15 g Speisestärke

150 g griechischer Joghurt

½ EL Aprikosenkonfitüre (nach Belieben)

Zubereitung: 30 Min. + 1 Std. Kühlen
Pro Portion ca. 190 kcal, 3 g EW, 7 g F, 29 g KH

1 Die Schokocookies im Mixtopf 2 Sek./Stufe 4 zerbröseln. In ein Schälchen umfüllen. Die Aprikosen waschen, halbieren, entsteinen und im Mixtopf 2 Sek./Stufe 4 hacken. Die Aprikosenstücke auf 4 Gläser verteilen.

2 Den Orangensaft mit Eigelb, Zucker, 1 Pck. Vanillezucker und Speisestärke im Mixtopf 6 Min./90°/Stufe 3 erhitzen. Den warmen Pudding auf die Aprikosen in den Gläsern geben.

3 Den griechischen Joghurt, den restlichen Vanillezucker und nach Belieben die Aprikosenkonfitüre glatt verrühren und auf den Pudding in die Gläser verteilen. Die Cookiebrösel daraufstreuen. Das Dessert mindestens 1 Std. kalt stellen.

TIPP

Wer keine Zuckeraprikosen bekommt, kann auch andere Aprikosen verwenden. Im Gegensatz zu den Zuckeraprikosen sollten Sie diese zusammen mit dem Pudding erhitzen. Dafür zunächst Orangensaft, Eigelb, Zucker, Speisestärke und Vanillezucker im Mixtopf 5 Sek./Stufe 3 verrühren, dann die zerkleinerten Aprikosen dazugeben und das Ganze 6 Min./90°/Stufe 3 kochen. Den Pudding auf die Gläser verteilen und wie oben beschrieben mit Joghurtcreme und Cookiebröseln toppen.

Frischkäse-SPAGHETTI
mit Himbeersauce

FÜR 4 PERSONEN

Für die Spaghetti:

20 g weiße Schokolade
8 Blättchen Zitronenmelisse
(nach Belieben; ersatzweise
Basilikum)
½ Bio-Orange
20 g Zucker
300 g Frischkäse
(Doppelrahmstufe)
½ TL gemahlene
Bourbon-Vanille

Für die Sauce:

20 g brauner Zucker
150 g Himbeeren
(frisch oder TK-Ware)

Zubereitung: 15 Min.
Pro Portion ca. 285 kcal,
5 g EW, 21 g F, 18 g KH

1 Für die Deko die weiße Schokolade in Stücke brechen und im Mixtopf 4–8 Sek./Stufe 6 hacken, dann in ein Schälchen umfüllen. Nach Belieben Zitronenmelisse waschen und trocken schütteln.

2 Für die Frischkäse-Spaghetti die Orange waschen und trocken reiben. Die Schale mit dem Sparschäler dünn abschälen und mit dem Zucker im Mixtopf 10 Sek./Stufe 10 pulverisieren. Den Saft der Orange auspressen. 1 EL Orangensaft, Frischkäse und Vanille in den Mixtopf geben und alles 5 Sek./Stufe 3 verrühren. Die Creme in eine Schüssel umfüllen und mindestens 10 Min. kalt stellen.

3 Inzwischen für die Sauce den Mixtopf spülen. Den braunen Zucker im Mixtopf 20 Sek./Stufe 10 pulverisieren. Frische Himbeeren verlesen, abbrausen und trocken tupfen.Die Himbeeren mit dem restlichen Orangensaft im Mixtopf 5 Sek./Stufe 8 pürieren. Falls TK-Himbeeren verwendet werden, die Masse 2 Min./37°/Stufe 3 erwärmen. Die Sauce durch ein Haarsieb passieren.

4 Zum Servieren die Frischkäsemasse durch eine Spätzle- oder Kartoffelpresse auf vier Teller pressen, sodass es wie Spaghetti aussieht. Die Sauce darübergeben. Mit Schokolade bestreuen und nach Belieben mit Zitronenmelisse dekorieren. Sofort servieren.

TIPP

Optisch weniger beeindruckend, dafür schneller auf dem Teller: die Sauce nicht durch ein Sieb passieren, die Creme nicht durchpressen.

RHABARBER-
grütze mit Mandelkrokant

FÜR 4 PERSONEN

750 g Rhabarber | 100 g Vollmilch |
2 Pck. Vanillepuddingpulver | 70 g brauner
Zucker | 250 g Erdbeeren | 1 EL Ahornsirup |
2 EL Mandelblättchen | 1 EL Zucker | 100 g Sahne
Zubereitung: 20 Min. + 30 Min. Abkühlen
Pro Portion ca. 295 kcal, 5 g EW, 13 g F, 36 g KH

1 Für die Grütze den Rhabarber putzen, waschen und die Haut abziehen. Die Stangen in 5 cm lange Stücke schneiden und im Mixtopf 3 Sek./Stufe 4 hacken. Milch, 300 g Wasser, Puddingpulver und braunen Zucker hinzufügen. Die Rhabarbermischung 10 Min./100°/Stufe 4 kochen.

2 Inzwischen die Erdbeeren waschen, putzen und in mundgerechte Stücke schneiden. 4 schöne Beerenstücke für die Deko beiseitelegen. Restliche Erbeerstücke von Hand unter die Grütze mischen. Grütze in vier Gläser füllen, mit dem Ahornsirup beträufeln und mindestens 30 Min. abkühlen lassen.

3 Für den Mandelkrokant die Mandelblättchen mit dem Zucker in einer beschichteten Pfanne erhitzen und offen unter Wenden bei mittlerer Hitze leicht braun rösten. Die Sahne mit den Rührbesen des Handrührgeräts steif schlagen, auf die abgekühlte Grütze geben und mit Mandelkrokant und beiseitegelegten Beerenstücken dekorieren.

MILCHREIS
mit Johannisbeergrütze

FÜR 4 PERSONEN

150 g Rote Johannisbeeren | 170 g Zucker |
420 g Milch | 20 g Zucker | 1 Msp. gemahlene Bourbon-
Vanille | 100 g Milchreis | Salz
Zubereitung: 20 Min. + 40 Min. Garen
+ 15 Min. Abkühlen
Pro Portion ca. 355 kcal, 6 g EW, 4 g F, 74 g KH

1 Für die Grütze Johannisbeeren waschen, trocken tupfen und von den Rispen streifen. 70 g Johannisbeeren im Mixtopf 3 Sek./Stufe 5 pürieren. Restliche Beeren und 150 g Zucker dazugeben und alles 10 Min./100°/Linkslauf / Sanftrührstufe kochen. Die Grütze in eine Schüssel umfüllen. Mixtopf spülen.

2 Für den Milchreis die Milch mit restlichem Zucker, Vanille, Reis und 1 Prise Salz im Mixtopf 40 Min./90°/ Linkslauf / Stufe 1 garen. Den Reis in eine Schüssel umfüllen und mindestens 15 Min. abkühlen lassen. Warm oder kalt mit der Grütze servieren.

TIPP

Johannisbeeren gelieren je nach Reifegrad unterschiedlich schnell. Deshalb sehr reife Beeren kürzer und eher unreife Früchte länger kochen.

Luftige
ERDBEERMOUSSE

FÜR 4 PERSONEN

400 g Erdbeeren
5 g Zitronensaft (1 TL)
125 g Sahne
25 g Puderzucker
1 Pck. Vanillezucker
Instant-Gelatine für
500 ml Flüssigkeit
8 Zitronenmelisseblättchen

Zubereitung: 20 Min.
+ 2 Std. Kühlen
Pro Portion ca. 160 kcal,
2 g EW, 10 g F, 15 g KH

1 Die Erdbeeren waschen, 2 Beeren für die Deko beiseitelegen. Restliche Erdbeeren entkelchen und mit dem Zitronensaft im Mixtopf 2 Sek./Stufe 5 pürieren, sodass sie noch etwas stückig sind. Beeren in eine Schüssel umfüllen.

2 Den Rühraufsatz in den Mixtopf stecken. Die Sahne im Mixtopf 1 Min./Stufe 3 schlagen, dann ohne Zeitvorgabe auf Stufe 3 steif schlagen. 250 g Erdbeerpüree, Puderzucker und Vanillezucker 3 Sek./Stufe 1 unterrühren. Thermomix auf 10 Sek./Stufe 1 einstellen. Gelatine durch die Mixtopfdeckelöffnung in das laufende Gerät einrieseln lassen. Mousse in eine flache Schale streichen und mindestens 2 Std. kalt stellen.

3 Inzwischen Rühraufsatz aus dem Mixtopf herausziehen, Mixtopf spülen. Das restliche Erdbeerpüree im Mixtopf 4 Sek./Stufe 5 zu einer feinen Sauce pürieren. Die Sauce in einen Becher umfüllen und bis zur Verwendung kalt stellen. Die Zitronenmelisseblättchen waschen und trocken tupfen.

4 Zum Servieren auf vier Dessertschalen je einen Spiegel aus Erdbeersauce gießen. Mit einem Esslöffel Nocken von der Mousse abstechen und daraufsetzen. Die beiseitegelegten Erdbeeren entkelchen und der Länge nach in Scheiben schneiden. Die Mousse mit Erdbeerscheiben und Zitronenmelisse dekorieren.

INFO

Instant-Gelatine müssen Sie nicht einweichen und erwärmen. Weil es verschiedene Produkte gibt, immer auf die dafür vorgesehene Flüssigkeitsmenge achten!

ZARTE CREMES
Die zergehen auf der Zunge

SCHOKO-QUARK-MOUSSE
FÜR 4 PERSONEN

100 g Zartbitterschokolade in Stücke brechen, im Mixtopf 4 Sek./Stufe 7 hacken (Achtung laut!). 150 g Sahne hinzufügen und 4 Min./50°/Stufe 3 erwärmen. 250 g Sahnequark 15 Sek./Stufe 6 unterrühren. Mindestens 1 Std. kalt stellen. Scheiben von 1 Banane auf Schalen verteilen. Mit einem Esslöffel Nocken von der Mousse abstechen und daraufsetzen. 1 EL Schokoraspel daraufstreuen. Sofort servieren.

Zubereitung: 10 Min. + 1 Std. Kühlen
Pro Portion ca. 825 kcal, 7 g EW, 34 g F, 18 g KH

MANGOCREME
FÜR 4 PERSONEN

100 g getrocknete Mangos im Mixtopf 10 Sek./Stufe 8 hacken. In 500 g Apfelsaft im Kühlschrank 8 Std. einweichen. Rühraufsatz in den Mixtopf stecken. 200 g Sahne 1 Min./Stufe 3 schlagen, dann ohne Zeitvorgabe auf Stufe 3 steif schlagen. Mangos mit Saft hinzufügen. Gerät auf 15 Sek./Stufe 2 einstellen. Instant-Gelatine für 500 ml Flüssigkeit durch die Deckelöffnung in das laufende Gerät rieseln lassen. In Schälchen verteilt mindestens 2 Std. kühlen. Mit Zitronenmelisse und 4 zerbröselten Keksen dekorieren.

Zubereitung: 10 Min. + 10 Std. Einweichen / Kühlen
Pro Portion ca. 280 kcal, 2 g EW, 17 g F, 30 g KH

ZITRONEN-KOKOS-CREME
FÜR 4 PERSONEN

1 Bio-Zitrone waschen, trocken reiben. Schale mit dem Sparschäler dünn abschälen, mit 90 g Zucker im Mixtopf 10 Sek./Stufe 10 pulverisieren. Mit dem Spatel nach unten schieben. Zitronensaft auspressen und mit 40 g Mehl, 200 g Kokosmilch und 50 g Vollmilch hinzufügen. 6 Min./100°/Stufe 3 kochen. 20 g Butter 10 Sek./Stufe 3 unterrühren. In einer Schüssel mindestens 30 Min. abkühlen lassen. ½ EL Kokosraspel in einer Pfanne leicht rösten, Creme damit bestreuen. Mit 8 Amarettini dekorieren.

Zubereitung: 10 Min. + 30 Min. Abkühlen
Pro Portion ca. 190 kcal, 2 g EW, 6 g F, 31 g KH

GRAPEFRUIT-ZABAIONE
FÜR 4 PERSONEN

½ Grapefruit schälen, sodass auch die weiße Haut entfernt wird. In 3 cm große Stücke schneiden und im Mixtopf 10 Sek./Stufe 6 pürieren. Rühraufsatz einsetzen. 3 Eigelbe und 40 g Zucker dazugeben und 8 Min./70°/Stufe 3 schaumig rühren. 2 Bananen schälen, in dünne Scheiben schneiden und auf vier Schalen verteilen. Creme und ½ EL Schokoraspeln daraufgeben. Nach Belieben mit Grapefruitfilets anrichten.

Zubereitung: 15 Min.
Pro Portion ca. 140 kcal, 3 g EW, 5 g F, 20 g

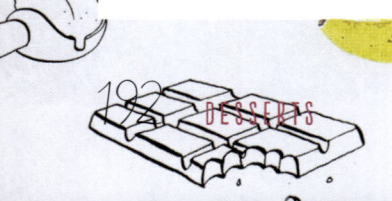

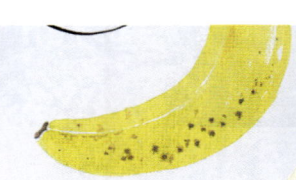

Klar, Schokoraspel gibt es fertig zu kaufen – man kann sie aber auch aus der Lieb-
lingsschokolade selbst raspeln: Entweder mit dem Sparschäler Späne von der Tafel abziehen oder diese in Stücke brechen und im Thermomix 6–8 Sek./Stufe 6 mixen.

VANILLECREME
mit Erdbeeren

FÜR 4 PERSONEN

400 g Vollmilch | 80 g Zucker | 1 Pck. Vanillezucker |
1 Ei (M) | 30 g Speisestärke | 500 g Erdbeeren |
200 g weiche Butter
Zubereitung: 20 Min. + 2 Std. Abkühlen
Pro Portion ca. 615 kcal, 6 g EW, 47 g F, 40 g KH

1 Milch, Zucker, Vanillezucker, Ei und Stärke im Mixtopf 10 Min./100°/Stufe 4 kochen. Den Pudding in eine Schüssel umfüllen und mindestens 2 Std. auf Zimmertemperatur abkühlen lassen. Inzwischen die Erdbeeren waschen, trocken tupfen, entkelchen und in mundgerechte Stücke schneiden.

2 Die Butter im Mixtopf 6 Min./Stufe 6 schaumig rühren, dabei den Vanillepudding nach und nach esslöffelweise durch die Öffnung im Mixtopfdeckel in das laufende Gerät geben. Zwischendurch das Mixgut mit dem Spatel am Topfrand nach unten schieben.

3 Die Vanillecreme mit den Erdbeeren in Dessertschalen anrichten und sofort servieren. Die Creme lässt sich nicht aufbewahren.

TIPP

Wenn es einmal etwas schneller gehen muss, können Sie die Schüssel mit dem Pudding zum Abkühlen in ein kaltes Wasserbad stellen.

QUITTENCREME
mit Banane

FÜR 4 PERSONEN

3 Quitten (ca. 600 g) | 120 g Apfelsaft |
2 Msp. Zimtpulver | 20 g Zucker | 200 g Sahne |
2 Bananen | 150 g Zimt-Grießpudding (Fertigprodukt;
nach Belieben)
Zubereitung: 10 Min. + 20 Min. Kochen
+ 20 Min. Abkühlen
Pro Portion ca. 280 kcal, 2 g EW, 17 g F, 29 g KH

1 Die Quitten mit dem Sparschäler schälen und vierteln, das Kerngehäuse großzügig herausschneiden. Die Viertel in 3 cm große Stücke schneiden und im Mixtopf 6 Sek./Stufe 7 hacken.

2 Apfelsaft, 1 Msp. Zimtpulver und Zucker dazugeben und alles 20 Min./100°/Stufe 3 kochen. Die Quittenmasse in eine Schüssel umfüllen und etwa 20 Min. abkühlen lassen. Den Mixtopf kalt ausspülen.

3 Rühraufsatz in den Mixtopf stecken. Sahne zunächst 1 Min./Stufe 3 schlagen, dann ohne Zeitvorgabe auf Stufe 3 steif schlagen. Bananen schälen, mit einer Gabel zerdrücken und mit der Quittenmasse zur Sahne in den Mixtopf geben. 10 Sek./Stufe 3 unterrühren.

4 Auf Dessertschalen verteilen und nach Belieben Nocken aus Zimt-Grießpudding neben oder auf die Creme setzen. Mit 1 Msp. Zimtpulver bestreuen.

Quitten gibt's von September bis November

Gebackene
BIRNENSPALTEN
mit Joghurtcreme

FÜR 4 PERSONEN

300 g griechischer Joghurt | 30 g Honig | Zimtpulver |
50 g Mehl | 1 Ei (M) | 75 g Milch | Salz | 3 feste Birnen |
Saft von ½ Zitrone | 2 EL Zucker (nach Belieben) |
4 EL Butterschmalz

Zubereitung: 25 Min.
Pro Portion ca. 385 kcal, 6 g EW, 24 g F, 35 g KH

1 Für die Creme Joghurt und Honig im Mixtopf
15 Sek./Stufe 4 glatt rühren. In eine Schüssel umfüllen
und mit 1 Msp. Zimtpulver bestreuen.

2 Für die Birnenspalten Mehl, Ei, Milch und 1 Prise
Salz im Mixtopf 20 Sek./Stufe 4 zu einem glatten Teig
verrühren. In eine Schüssel umfüllen.

3 Birnen schälen, vierteln und jeweils vom Kerngehäuse befreien. Die Birnenviertel jeweils nochmals
längs halbieren, dann die Spalten im Zitronensaft marinieren. Nach Belieben 1 TL Zimtpulver und Zucker
in einer flachen Schale mischen.

4 Das Butterschmalz in einer großen beschichteten
Pfanne erhitzen. Die Birnenspalten durch den Teig ziehen und portionsweise bei mittlerer Hitze in ca. 4 Min.
von beiden Seiten goldgelb backen. Auf Küchenpapier
entfetten und nach Belieben in der Zimt-Zucker-Mi-
schung wenden. Mit der Creme servieren.

Birnen mit
NUSSBAISER-
Haube

FÜR 4 PERSONEN

2 Birnen (ca. 600 g) | Saft von ½ Zitrone |
1 Zimtstange | 1 Nelke | 30 g Zucker | 3 Eier (M) |
60 g gemahlene Haselnüsse | ½ TL Zimtpulver |
40 g Apfelsaft

Zubereitung: 20 Min. + 20 Min. Backen
Pro Portion ca. 240 kcal, 7 g EW, 13 g F, 22 g KH

1 Backofen auf 175° vorheizen. Birnen schälen, vierteln und jeweils vom Kerngehäuse befreien. Birnenviertel in einem Topf gerade eben mit Wasser be-
decken und Zitronensaft, Zimtstange sowie Nelke
hinzufügen. Birnen zugedeckt bei schwacher Hitze in
ca. 10 Min. weich kochen.

2 Inzwischen für das Baiser den Zucker im Mixtopf
10 Sek./Stufe 10 pulverisieren. Rühraufsatz in den Mixtopf stecken. Eier trennen. Eiweiße in den Mixtopf
zum Zucker geben und alles 4 Min./Stufe 4 cremig
schlagen. Haselnüsse 5 Sek./Stufe 4 unterrühren. Baisermasse in eine Schüssel umfüllen. Dabei Rühraufs-
satz aus dem Mixtopf entfernen.

3 Birnen in den Gareinsatz abgießen, abtropfen lassen und in eine flache Auflaufform (ca. 30 × 20 cm)
legen. Zimtstange und Nelke entfernen. Eigelbe mit
Zimtpulver und Apfelsaft im Mixtopf 3 Min./Stufe 5
verrühren und über die Birnen geben. Baisermasse
darüber verteilen. Im Ofen (Mitte) ca. 20 Min. backen.
Warm servieren.

APFELTIRAMISU
mit Schokolade

FÜR 4 PERSONEN

50 g Zartbitterschokolade
1 kg Äpfel
Instant-Gelatine für
250 ml Flüssigkeit
2 Eier (M)
Salz
80 g Zucker
100 g Mehl
1 TL Backpulver
100 g Löffelbiskuits
50 ml Apfelsaft
200 g Sahne

Zubereitung: 40 Min.
+ 15 Min. Kochen
+ 15 Min. Backen
+ 8 Std. Durchziehen
Pro Portion ca. 615 kcal,
12 g EW, 26 g F, 80 g KH

1 Schokolade in Stücke brechen und im Mixtopf 5 Sek./Stufe 10 hacken (Achtung laut!). In ein Schälchen umfüllen und beiseitestellen.

2 Die Äpfel waschen, vierteln und jeweils vom Kerngehäuse befreien. Apfelviertel mit 50 g Wasser im Mixtopf 15 Min./100°/Stufe 1 kochen. Dann 20 Sek./Stufe 5 pürieren. Gerät auf 10 Sek./Stufe 4 einstellen. Die Gelatine durch die Öffnung im Mixtopfdeckel in den laufenden Thermomix einrieseln lassen. Das Apfelmus in eine Schüssel umfüllen und auskühlen lassen. Den Mixtopf spülen.

3 Den Backofen auf 200° vorheizen. Den Rühraufsatz in den Mixtopf stecken. Eier, 1 Prise Salz und Zucker im Mixtopf 6 Min./37°/Stufe 4 schaumig rühren. Mehl und Backpulver auf dem Mixtopfdeckel in einer Schüssel einwiegen und mischen. In den Mixtopf geben und 4 Sek./Stufe 3 unterheben. Rühraufsatz aus dem Mixtopf entfernen. Teig in eine flache Auflaufform (ca. 30 × 20 cm) streichen. Im Ofen (Mitte) ca. 15 Min. backen. Den Mixtopf spülen.

4 Die Hälfte Apfelmus auf dem gebackenen Boden verteilen, die Löffelbiskuits daraufschichten und mit dem Apfelsaft beträufeln. Den Rühraufsatz in den Mixtopf stecken. Die Sahne im Mixtopf zunächst 1 Min./Stufe 3 schlagen, dann ohne Zeitvorgabe auf Stufe 3 steif schlagen.

5 Die Hälfte der Sahne auf die Löffelbiskuits streichen. Restliches Apfelmus und dann die restliche Sahne daraufgeben. Tiramisu mit Schokolade bestreuen und zugedeckt mindestens 8 Std. im Kühlschrank durchziehen lassen.

Feines
GEBÄCK
mal pikant, mal süß

PARTYKLASSIKER
Herzhafte Kleinigkeiten auf die Hand

KRESSEBRÖTCHEN
FÜR 20 STÜCK

4 EL Kresseblättchen 3 Sek./Stufe 8 hacken. 1 Zwiebel schälen, halbieren, 7 Sek./Stufe 5 mithacken. Nach unten schieben. Mit 2 EL Öl und 280 g Wasser 2 Min./37°/Stufe 2 erwärmen. 500 g Mehl, 1 Pck. Trockenhefe, 1 TL Salz 2 Min./Teigstufe unterkneten. Im Gerät 30 Min. gehen lassen. Blech mit Backpapier auslegen. Teig in 20 Stücke teilen, rund formen. Auf das Blech setzen, mit Milch bepinseln. In den kalten Ofen (Mitte) schieben. 20 Min. bei 175° backen.

Zubereitung: 10 Min. + 30 Min. Gehen
+ 20 Min. Backen
Pro Stück ca. 95 kcal, 3 g EW, 1 g F, 18 g KH

PIZZABRÖTCHEN
FÜR 10 STÜCK

125 g Wasser, 20 g Öl, ½ TL Zucker und ½ Würfel Hefe (21 g) 3 Min./37°/Stufe 2 erwärmen. 250 g Mehl, ½ TL Salz und 1 Ei (M) 2 Min./Teigstufe unterkneten. Im Gerät 30 Min. gehen lassen. Blech mit Backpapier auslegen. Teig in 10 Stücke teilen, rund formen. Auf das Blech setzen, mit Milch bepinseln. In den kalten Ofen (Mitte) schieben. 20 Min. bei 175° backen.

Zubereitung: 10 Min. + 30 Min. Gehen
+ 20 Min. Backen
Pro Stück ca. 110 kcal, 4 g EW, 3 g F, 18 g KH

KNOBLAUCH-THYMIAN-FLADEN
FÜR 8 STÜCK

2 Knoblauchzehen schälen, mit 2 TL Thymianblättchen im Mixtopf 3 Sek./Stufe 8 hacken. Nach unten schieben. Mit 300 g Wasser, 1 Würfel Hefe (42 g), 20 g Honig, 10 g Salz 3 Min./37°/Stufe 1 erwärmen. 500 g Weizenvollkornmehl 2 Min./Teigstufe unterkneten. Im Gerät 30 Min. gehen lassen. Ofen auf 200° vorheizen, Zwei Bleche mit Backpapier auslegen. Teig zu 8 Fladen (à 8 cm Ø) formen, auf die Bleche legen. 2 Knoblauchzehen schälen, 3 Sek./Stufe 8 hacken, mit 2 TL grobem Salz mischen. Auf die Fladen geben. Im Ofen (Mitte) je 15 Min. backen.

Zubereitung: 20 Min. + je 30 Min. Gehen / Backen
Pro Stück ca. 200 kcal, 8 g EW, 1 g F, 39 g KH

KÄSECRACKER
FÜR 35 STÜCK

50 g Cheddarwürfel 10 Sek./Stufe 5 hacken. 125 g Mehl, ½ TL Salz, 50 g Butter in Scheiben, 1 Ei (M) 3 Min./Teigstufe unterkneten. 3 cm dicke Rolle formen, 10 Min. tiefkühlen. Blech mit Backpapier auslegen, Ofen auf 175° vorheizen. Teig in 35 Scheiben schneiden. Auf dem Blech im Ofen (Mitte) 10 Min. backen. Mit 1 TL Paprikapulver bestreuen.

Zubereitung: 20 Min. + 10 Min. Backen
Pro Stück ca. 30 kcal, 1 g EW, 2 g F, 3 g KH

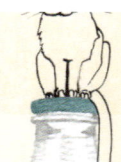

Kaum knusprig-frisch aus dem Backofen geholt, sind Brötchen & Co. auch schon wieder verputzt - bleibt doch mal was übrig, kommt es am nächsten Tag pur oder saftig belegt einfach in die Pausenbrot- oder Lunchbox.

Dinkel-VOLLKORNTOAST

Süßes WALNUSSBROT mit Aprikosen

FÜR 1 KASTENFORM (30 CM LÄNGE, 24 SCHEIBEN)

500 g Dinkelkörner | 250 g Milch | 50 g Butter |
20 g Honig | 1 Würfel Hefe (42 g) | Salz | Öl für die Form
Zubereitung: 15 Min. + 1 Std. Gehen + 30 Min. Backen
Pro Scheibe ca. 95 kcal, 4 g EW, 3 g F, 14 g KH

1 Die Kastenform mit Öl fetten. Dinkel in zwei Chargen à 250 g im Mixtopf 1:30 Min./Stufe 10 fein mahlen (Achtung laut!). Das Mehl in eine Schüssel umfüllen.

2 Milch, Butter und Honig in den Mixtopf geben. Die Hefe dazukrümeln und alles 2 Min./37°/Stufe 2 erwärmen. Dinkelmehl und 1 TL Salz 2 Min./Teigstufe unterkneten. Den Teig im Mixtopf (im Grundgerät) zugedeckt 30 Min. gehen lassen.

3 Teig in die Form füllen und zugedeckt weitere 30 Min. gehen lassen. Dann die Form in den kalten Backofen (Mitte) schieben. Ofen auf 220° einstellen und das Brot in ca. 30 Min. goldbraun backen. Kurz in der Form abkühlen lassen, dann herauslösen und auf einem Gitter auskühlen lassen. Zum Toasten in dünne Scheiben schneiden.

FÜR 1 BROT (15 SCHEIBEN)

500 g Dinkelkörner | 100 g Walnusskerne |
100 g getrocknete Aprikosen (Softaprikosen) |
50 g Apfelsaft | 200 g Buttermilch | 1 Pck. Trockenhefe |
Salz | 20 g Honig | Milch zum Bestreichen
Zubereitung: 10 Min. + 40 Min. Gehen
+ 30 Min. Backen
Pro Scheibe ca. 180 kcal, 7 g EW, 5 g F, 26 g KH

1 Ein Backblech mit Backpapier belegen. Den Dinkel in zwei Chargen à 250 g im Mixtopf 1:30 Min./Stufe 10 fein mahlen (Achtung laut!). Das Mehl in eine Schüssel umfüllen.

2 Für die Deko 8 Walnusskerne beiseitelegen. Restliche Nüsse im Mixtopf 2 Sek./Stufe 5 grob hacken (Achtung laut!). Nüsse umfüllen. Aprikosen im Mixtopf 6 Sek./Stufe 7 hacken, mit dem Apfelsaft in ein Schälchen geben und 10 Min. einweichen.

3 Buttermilch im Mixtopf 2 Min./37°/Stufe 2 erwärmen. Mehl, Hefe, 1 TL Salz, 60 g Wasser sowie Honig hinzufügen und 2 Min./Teigstufe kneten. Aprikosen mitsamt Apfelsaft und Nüsse 1 Min./Teigstufe unterkneten. Teig im Mixtopf (im Grundgerät) zugedeckt 40 Min. gehen lassen. Dann 10 Sek./Teigstufe kneten.

4 Teig zu einem ca. 20 × 15 cm großen Laib formen. Auf das Blech legen, mit Milch bestreichen und mit den beiseitegelegten Walnusskernen belegen. In den kalten Backofen (Mitte) schieben. Ofen auf 175° einschalten. Das Brot ca. 30 Min. backen. Auf einem Kuchengitter auskühlen lassen.

ERDBEERROLLE
mit Buttercreme

FÜR 1 ROLLE (12 STÜCKE)

Für die Buttercreme:
400 g Milch
80 g Zucker
1 Pck. Vanillezucker
1 Ei (M)
50 g Speisestärke
200 g weiche Butter

Für den Biskuit:
4 Eier (M)
100 g Zucker
1 Pck. Vanillezucker
100 g Mehl
1 TL Backpulver

Außerdem:
500 g Erdbeeren
Spritzbeutel mit kleiner
Loch- oder Sterntülle

Zubereitung: 40 Min.
+ 3 Std. Abkühlen
+ 10 Min. Backen
Pro Stück ca. 300 kcal,
5 g EW, 18 g F, 29 g KH

1 Für die Buttercreme Milch, Zucker, Vanillezucker, Ei und Stärke im Mixtopf 10 Min./100°/Stufe 4 kochen. In eine Schüssel umfüllen und in ca. 3 Std. auf Zimmertemperatur abkühlen lassen. Den Mixtopf spülen. Backofen auf 180° vorheizen. Ein Backblech mit Backpapier auslegen. Den Rühraufsatz in den Mixtopf stecken.

2 Für den Biskuit Eier, Zucker, Vanillezucker und 20 g Wasser (2 EL) im Mixtopf 6 Min./37°/Stufe 4 schaumig rühren. Mehl mit Backpulver mischen und 4 Sek./Stufe 3 unterheben. Rühraufsatz herausziehen. Teig auf das Blech streichen und im Ofen (Mitte) ca. 10 Min. backen. Die Oberfläche sollte trocken sein und auf leichten Druck nachgeben. Inzwischen ein feuchtes Küchentuch auf der Arbeitsfläche auslegen. Biskuitplatte mit dem Papier daraufstürzen, Papier abziehen. Platte von einer langen Seite beginnend aufrollen.

3 Für die Creme Butter im Mixtopf 4 Min./Stufe 4 schaumig rühren, mit dem Spatel am Topfrand nach unten schieben. 8 Min./Stufe 3 einstellen und Pudding nach und nach löffelweise durch die Öffnung im Mixtopfdeckel in den laufenden Thermomix geben. Creme 15 Sek./Stufe 6 glatt rühren. Rühraufsatz in den Mixtopf stecken und 3 Min./Stufe 2 weiterrühren.

4 Erdbeeren waschen und trocken tupfen. 400 g Erdbeeren entkelchen und in Stücke schneiden. Biskuit entrollen und mit drei Viertel der Buttercreme bestreichen. Erdbeerstücke darauf verteilen. Platte aufrollen. 3 EL Buttercreme in den Spritzbeutel füllen. Rolle mit restlicher Buttercreme bestreichen. An den Seiten mit einer Gabel Rillen einziehen, obendrauf längs mittig Cremetupfen aufspritzen und mit ganzen Erdbeeren dekorieren.

Der Star auf
jeder Kaffeetafel!

MUFFINS & RIEGEL
Ruck, zuck fertig zum Reinbeißen

MANDEL-STACHELBEER-MUFFINS
FÜR 12 STÜCK

Backofen auf 180° vorheizen. 150 g Weizenvollkornmehl, 1 TL Vanillezucker, 50 g gemahlene Mandeln, 2 TL Backpulver, ½ TL Zimtpulver, 1 Prise Salz, 2 Eier (M), 30 g Ahornsirup, 60 g Rapsöl und 200 g Buttermilch im Mixtopf 15 Sek./Stufe 4 verrühren. 150 g Stachelbeeren putzen, waschen, 5 Sek./Linkslauf/Stufe 3 unterheben. Papier- oder Silikonförmchen in eine Muffinform setzen. Je 1–2 EL Teig hineingeben. Im Ofen (Mitte) ca. 20 Min. backen.

Zubereitung: 10 Min. + 20 Min. Backen
Pro Stück ca. 140 kcal, 4 g EW, 9 g F, 11 g KH

HEIDELBEER-MÜSLI-MUFFINS
FÜR 12 STÜCK

Backofen auf 180° vorheizen. 200 g Mehl, 2 TL Backpulver, 1 Ei (M), 1 Pck. Vanillezucker, 70 g Honig, 100 g Rapsöl und 200 g Joghurt (1,8 % Fett) im Mixtopf 15 Sek./Stufe 4 verrühren. 80 g Früchte-Crunchy und 100 g Heidelbeeren (frisch oder TK) 5 Sek./Linkslauf/Stufe 2 unterheben. Papier- oder Silikonförmchen in eine Muffinform setzen. Je 1–2 EL Teig hineingeben. 2 EL Früchte-Crunchy darauf verteilen. Im Ofen (Mitte) ca. 15 Min. backen.

Zubereitung: 10 Min. + 15 Min. Backen
Pro Stück ca. 195 kcal, 4 g EW, 10 g F, 23 g KH

SESAMRIEGEL
FÜR 32 STÜCK

Backofen auf 100° vorheizen. Dünn abgeschälte Schale von 1½ Bio-Orangen im Mixtopf 10 Sek./Stufe 10 pulverisieren. Erst 50 g gemahlene Haselnüsse mit 100 g zarten Haferflocken, dann 150 g Sesam in einer Pfanne 5 Min. rösten. Mit 2 EL Orangensaft und 150 g cremigem Honig im Mixtopf 2 Min./Teigstufe kneten. Blech kalt abspülen, Teig mit feuchtem Löffel auf zwei Drittel des Blechs streichen. Im Ofen (Mitte) 25 Min. backen. Abgekühlt in Riegel (10 × 3 cm) schneiden.

Zubereitung: 20 Min. + 25 Min. Backen
Pro Stück ca. 65 kcal, 1 g EW, 4 g F, 6 g KH

SCHOKO-APFEL-KUCHEN AM STIEL
FÜR 12 STÜCK

Backofen auf 180° vorheizen. 100 g getrocknete Äpfel 4 Sek./Stufe 7 hacken, umfüllen. 150 g Butter in Scheiben mit 30 g Wasser 3 Min./50°/Stufe 1 zerlassen. Äpfel, 200 g Mehl, 10 g Kakaopulver, 2 TL Backpulver, 1 Prise Salz, 80 g Zucker und 3 Eier (M) 10 Sek./Stufe 5 unterrühren. Zwei Bleche mit Backpapier auslegen. 12 Teighäufchen (je 1 EL) daraufsetzen. Je 1 Holzspatel (Apotheke) hineinstecken, restlichen Teig darauf verteilen. Im Ofen (Mitte) je 10 Min. backen.

Zubereitung: 10 Min. + 20 Min. Backen
Pro Stück ca. 227 kcal, 4 g EW, 12 g F, 25 g KH

Gerade bei Kindern hat schlichtes Gebäck die Nase vorn – denn, um das zu essen, müssen sie sich nicht am Kaffeetisch mit der Kuchengabel abmühen. Da kann das Kind auch mal Abbeißen, wenn es gerade draußen auf Bäumen herumklettert ...

Gefüllte BUTTERPLÄTZCHEN

FÜR 36 STÜCK

160 g Zucker | 400 g Mehl | 250 g Butter |
2 Pck. Vanillezucker | 1 Ei (M) | 80 g Himbeerfrucht-
aufstrich (s. S. 30; ersatzweise Johannisbeergelee) |
200 g Zartbitterkuvertüre | Mehl zum Arbeiten
Zubereitung: 40 Min. + 24 Min. Backen
Pro Stück ca. 145 kcal, 2 g EW, 8 g F, 17 g KH

1 Backofen auf 180° vorheizen. Zwei Backbleche mit
Backpapier auslegen. Zucker im Mixtopf 10 Sek./
Stufe 10 pulverisieren. Das Mixgut mit dem Spatel
am Topfrand nach unten schieben. Mehl, Butter in
Scheiben, Vanillezucker und Ei dazugeben und alles
30 Sek./Stufe 4 verkneten.

2 Teig vierteln. Jedes Viertel auf der bemehlten Arbeitsfläche zu einer Rolle mit ca. 2,5 cm Ø formen. Jede
Rolle in 18 Taler schneiden und diese mit ca. 2 cm Abstand zueinander auf die Bleche legen. Plätzchen im
Ofen (Mitte) ca. 12 Min. backen, bis sie ganz leicht zu
bräunen beginnen. Vom Blech nehmen und auf einem
Kuchengitter abkühlen lassen,

3 Die Hälfte der Plätzchen auf der Unterseite mit
Fruchtaufstrich bestreichen und jeweils ein unbe-
strichenes Plätzchen mit der Unterseite dagegendrü-
cken. Kuvertüre in 2 cm große Stücke schneiden und
im Mixtopf 8 Sek./Stufe 8 hacken (Achtung laut!).
Kuvertüre 3 Min./50°/Stufe 2 schmelzen, dann in ein
Schälchen umfüllen. Die gefüllten Plätzchen mit einer
Seite in die Schokolade tauchen und zum Trocknen
auf Backpapier legen.

Nussige SCHOKOWÜRFEL

FÜR 180 STÜCK

200 g brauner Zucker | 120 g Haselnusskerne |
400 g Zartbitterschokolade | 120 g Butter | 4 Eier (M) |
250 g Mehl | 1 EL Kakaopulver zum Bestäuben
Zubereitung: 15 Min. + 20 Min. Backen
Pro Stück ca. 30 kcal, 1 g EW, 2 g F, 3 g KH

1 Backofen auf 180° vorheizen. Eine rechteckige Back-
form (ca. 30 × 25 cm) mit Backpapier auslegen. Zucker
im Mixtopf 10 Sek./Stufe 10 pulverisieren. Haselnüsse
dazugeben und 2 Sek./Stufe 6 grob hacken (Achtung
laut!). Nussmischung in eine Schüssel umfüllen.

2 Schokolade in 3 cm große Stücke schneiden und
im Mixtopf 5 Sek./Stufe 10 hacken (Achtung laut!).
Das Mixgut mit dem Spatel am Topfrand nach unten
schieben. Butter in dicken Scheiben hinzufügen und
in 3 Min./50°/Stufe 2 zerlassen.

3 Nussmischung, Eier und Mehl 20 Sek./Stufe 5 un-
terrrühren. Den Teig in die Form streichen und im
Ofen (Mitte) ca. 20 Min. backen. In der Form abkühlen lassen, mit Kakao bestäuben und in 2 cm große Würfel schneiden. Die Schokowürfel in einer gut
schließenden Dose luftdicht aufbewahren.

Knusprige
CANTUCCINI

FÜR CA. 60 STÜCK

200 g Mandeln
1 Bio-Zitrone
150 g Zucker
1 Pck. Vanillezucker
Salz
3 Eier (M)
300 g Mehl
2 TL Backpulver
100 g Mandelstifte
100 g gemahlene Mandeln
Mehl zum Arbeiten

Zubereitung: 30 Min.
+ 40 Min. Backen
Pro Stück ca. 70 kcal,
2 g EW, 4 g F, 7 g KH

1 Mandeln in einem Topf mit Wasser bedeckt 5 Min. kochen. In den Gareinsatz abgießen und anschließend die Kerne aus den braunen Häutchen drücken. Backofen auf 175° vorheizen. Zwei Backbleche mit Backpapier auslegen. Zitrone waschen und trocken reiben. Die Schale von ½ Zitrone mit dem Sparschäler dünn abschälen. Zitronenschale, Zucker und Vanillezucker im Mixtopf 10 Sek./Stufe 10 pulverisieren. Saft der ganzen Zitrone auspressen.

2 Rühraufsatz in den Mixtopf stecken. Zitronensaft, 1 Prise Salz sowie Eier in den Topf geben und in 10 Min./37°/Stufe 4 schaumig rühren. Rühraufsatz herausziehen. Mehl, Backpulver, enthäutete Mandeln, Mandelstifte und gemahlene Mandeln in den Topf geben, alles in 30 Sek./Linkslauf / Stufe 3 zu einem klebrigen, formbaren Teig verrühren.

3 Teig in 5 gleich große Stücke teilen. Jedes Stück auf der bemehlten Arbeitsfläche zu einer langen Rollen mit 3 cm Ø formen. Die Teigrollen mit ca. 5 cm Abstand zueinander auf die Bleche legen. Im Ofen (Mitte) blechweise nacheinander je ca. 15 Min. backen. Aus dem Ofen nehmen und mindestens 5 Min. abkühlen lassen.

4 Gebackene Rollen schräg in ca. 1 cm dicke Scheiben schneiden. Die Scheiben mit einer Schnittfläche nach unten auf die Bleche legen und im Ofen (Mitte) in ca. 5 Min. fertig backen. Auf einem Kuchengitter auskühlen lassen.

TIPP
Schneller geht's, wenn Sie die Mandeln nicht enthäuten. Dann schmecken die Cantuccini etwas kerniger.

Halten sich in einer
Blechdose viele Wochen!

Omas
STREUSELKUCHEN

FÜR 1 BACKBLECH (16 STÜCKE)

300 g Butter | 250 g Vollmilch | 280 g Zucker |
1 Würfel Hefe (42 g) | Salz | 1 Ei (M) | 750 g Mehl |
Butter für das Blech
Zubereitung: 10 Min. + 30 Min. Gehen
+ 20 Min. Backen
Pro Stück ca. 400 kcal, 6 g EW, 19 g F, 52 g KH

1 Für den Teig 150 g Butter in dicken Scheiben, Milch, 10 g Zucker und zerbröckelte Hefe im Mixtopf 3 Min./37°/Stufe 1 erwärmen. 70 g Zucker, 1 Msp. Salz, Ei und 500 g Mehl hinzufügen und alles 2 Min./Teigstufe glatt verkneten. Teig im Mixtopf (im Grundgerät) zugedeckt 30 Min. gehen lassen. Dann nochmals 10 Sek./Teigstufe kneten.

2 Den Backofen auf 180° vorheizen. Ein Backblech mit Butter fetten. Den Teig auf dem Blech verteilen und gleichmäßig dick ausrollen oder mit den Händen auseinanderziehen.

3 250 g Mehl, 150 g Butter in dicken Scheiben und 200 g Zucker im Mixtopf 30 Sek./Stufe 4 zu Streuseln kneten. Die Teigplatte gleichmäßig mit den Streuseln bestreuen. Kuchen im Ofen (Mitte) in ca. 20 Min. goldbraun backen. Schmeckt am besten ganz frisch.

RHABARBERKUCHEN
mit Schmandguss

FÜR 1 SPRINGFORM (26 CM Ø, 12 STÜCKE)

300 g Mehl | 1 TL Backpulver | 150 g Butter |
230 g Zucker | 1 Pck. Vanillezucker |
2 Eier (M) | 600 g Rhabarber | 200 g Schmand | 1 Pck.
Vanillepuddingpulver | Öl für die Form
Zubereitung: 10 Min. + 30 Min. Backen
Pro Stück ca. 335 kcal, 4 g EW, 17 g F, 40 g KH

1 Backofen auf 200° vorheizen. Springform an Boden und Rand mit Öl fetten. Mehl, Backpulver, Butter in dicken Scheiben, 80 g Zucker, Vanillezucker und 1 Ei im Mixtopf in 20 Sek./Stufe 4 zu Streuseln verkneten. Zwei Drittel der Streusel in der Form verteilen und an Rand und Boden mit der Hand andrücken, sodass ein geschlossener Teigboden entsteht. Die restlichen Streusel in eine Schüssel umfüllen und beiseitestellen.

2 Für den Belag Rhabarber putzen, waschen und die Haut abziehen. Die Stangen in 5 cm lange Stücke schneiden und im Mixtopf 3 Sek./Stufe 4 hacken. Rhabarberstücke auf dem Teigboden verteilen.

3 Für den Guss Schmand, übriges Ei, 150 g Zucker und Vanillepuddingpulver im Mixtopf 5 Sek./Stufe 4 verrühren. Den Guss auf dem Rhabarber verteilen und die restlichen Streusel darauf verteilen. Im Ofen (Mitte) ca. 30 Min. backen. Kuchen 10 Min. in der Form abkühlen lassen, dann herauslösen und auf einem Kuchengitter auskühlen lassen.

Reste kann man super einfrieren

MANDELKUCHEN
mit Johannisbeeren

FÜR 1 SPRINGFORM (26 CM Ø, 12 STÜCKE)

Für den Boden:
30 g Mandeln
80 g Zucker
100 g Butter
1 Ei (M)
200 g Mehl

Für Belag und Guss:
je 200 g Rote, Schwarze und
Weiße Johannisbeeren
(ersatzweise nur eine Sorte)
3 Eier (M)
100 g Zucker
100 g Sahne

Außerdem:
Öl für die Form

Zubereitung: 30 Min.
+ 50 Min. Backen
Pro Stück ca. 255 kcal,
5 g EW, 13 g F, 29 g KH

1 Den Backofen auf 175° vorheizen. Die Springform an Boden und Rand mit Öl fetten. Für den Boden Mandeln und Zucker im Mixtopf 10 Sek./Stufe 10 pulverisieren (Achtung laut!).

2 Die Butter in Scheiben mit dem Ei und dem Mehl in den Mixtopf geben und alles in 20 Sek./Stufe 4 zu Streuseln verkneten. Die Streusel in der Form verteilen und mit der Hand an Rand und Boden gut andrücken, sodass ein geschlossener Teigboden mit einem ca. 2 cm hohen Rand entsteht.

3 Für den Belag die Johannisbeeren waschen und trocken tupfen. Die Beeren von den Stielen streifen und auf dem Teig verteilen.

4 Den Rühraufsatz in den Mixtopf setzen. Für den Guss Eier, Zucker und Sahne im Mixtopf in 6 Min./37°/Stufe 4 schaumig rühren. Den Guss über den Beeren verteilen. Den Kuchen im Ofen (Mitte) ca. 50 Min. backen, bis er an der Oberfläche bräunt und trocken ist. In der Form auskühlen lassen.

VARIANTEN

Mit 10 g Kakaopulver und 30 g Haselnusskernen statt der Mandeln wird aus dem Teig ein Schoko-Haselnuss-Boden. Dann statt 200 g nur 180 g Mehl verwenden.
Stachelbeeren sind im Hochsommer eine wunderbare Alternative zu Johannisbeeren. Sie passen sowohl zum Mandelboden als auch zum Schoko-Haselnuss-Boden.

Kerniger
HEIDELBEER-CRUMBLE

FÜR 4 PERSONEN

700 g Äpfel (z. B. Elstar) | 200 g Heidelbeeren |
½ Bio-Zitrone | 70 g Butter | 100 g zarte Haferflocken |
40 g Dinkelvollkornmehl | 40 g brauner Zucker |
1 Msp. Zimtpulver | 40 g gehackte Haselnusskerne

Zubereitung: 20 Min. + 20 Min. Backen
Pro Portion ca. 440 kcal, 7 g EW, 24 g F, 47 g KH

1 Den Backofen auf 180° vorheizen. Die Äpfel schälen und vierteln, dabei jeweils das Kerngehäuse entfernen. Apfelviertel im Mixtopf 2 Sek./Stufe 5,5 hacken, dann in eine flache Auflaufform (ca. 30 × 20 cm) umfüllen. Die Heidelbeeren verlesen, waschen, abtropfen lassen und unter die Äpfel mischen.

2 Die Zitrone waschen und trocken reiben. Die Schale in das Obst reiben. Den Zitronensaft auspressen und darüberträufeln. Alle Zutaten nochmals in der Auflaufform vermischen.

3 Die Butter in Scheiben in den Mixtopf geben und in 3 Min./50°/Stufe 2 zerlassen. Haferflocken, Mehl, Zucker, Zimtpulver und Haselnüsse hinzufügen und alles 10 Sek./Stufe 3 verrühren. Die Masse auf der Apfelmischung verteilen. Crumble im Ofen (Mitte) ca. 20 Min. backen. Dazu passt Vanilleeis oder Vanillecreme (s. S. 194).

Klassischer
APPLE-CRUMBLE

FÜR 4 PERSONEN

1 kg Äpfel (z. B. Boskop) | 60 g Rosinen |
100 g Apfelsaft | 90 g Zucker | ½ TL Zimtpulver |
1 Msp. gemahlene Nelken | 1 Msp. getrockneter
Rosmarin (nach Belieben) | 80 g Butter |
160 g Mehl | Salz | 100 g Crème fraîche

Zubereitung: 20 Min. + 25 Min. Backen
Pro Portion ca. 600 kcal, 6 g EW, 28 g F, 81 g KH

1 Den Backofen auf 180° vorheizen. Die Äpfel waschen und vierteln, dabei jeweils das Kerngehäuse entfernen. Apfelviertel im Mixtopf 2 Sek./Stufe 5 hacken. Rosinen, Apfelsaft, 10 g Zucker (1 EL), Zimt, Nelken und nach Belieben Rosmarin hinzufügen.

2 Die Mischung 5 Min./100°/Linkslauf/Sanftrührstufe kochen, sodass die Äpfel noch leicht bissfest sind. In eine flache Auflaufform (ca. 30 × 20 cm) umfüllen. Den Mixtopf kalt ausspülen.

3 Butter, restlichen Zucker, Mehl und 1 Msp. Salz im Mixtopf in 20 Sek./Stufe 4 zu Streuseln verkneten. Die Streusel auf den Äpfeln verteilen und den Crumble im Ofen (Mitte) ca. 25 Min. backen. Mit der Crème fraîche servieren.

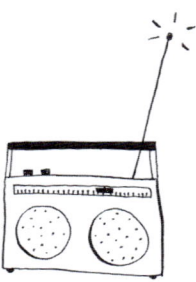

APFELTORTE
mit Zimt

FÜR 1 SPRINGFORM (26 CM Ø, 12 STÜCKE)

Für den Boden:
125 g Zucker
1 Pck. Vanillezucker
125 g Butter
200 g Mehl
1 TL Backpulver
1 Ei (M) | Salz

Für die Füllung:
5 Äpfel (ca. 700 g)
Saft von 1 Zitrone
500 g Apfelsaft
100 g Zucker
2 Pck. Vanillepuddingpulver
200 g Sahne
200 g Schmand
1 Pck. Vanillezucker

Außerdem:
Fett und Mehl für die Form
½ TL Zimtpulver
2 EL Zucker

Zubereitung: 30 Min.
+ 40 Min. Backen
+ 1 Std. 20 Min. Abkühlen
Pro Stück ca. 345 kcal,
3 g EW, 19 g F, 40 g KH

1 Backofen auf 175° vorheizen. Springform an Rand und Boden mit Öl fetten und mit Mehl ausstäuben. Für den Tortenboden Zucker und Vanillezucker im Mixtopf 10 Sek./Stufe 10 pulverisieren. Butter in dicken Scheiben, Mehl, Backpulver, Ei und 1 Prise Salz hinzufügen und alles in 20 Sek./Stufe 4 zu Streuseln verkneten.

2 Die Streusel in der Form verteilen und an Rand und Boden mit der Hand andrücken, sodass ein geschlossener Teigboden entsteht. Boden im Ofen (Mitte) ca. 10 Min. vorbacken. Herausnehmen und abkühlen lassen.

3 Für die Füllung die Äpfel waschen und vierteln, dabei jeweils das Kerngehäuse entfernen. Apfelviertel im Mixtopf 2 Sek./Stufe 5,5 hacken. Zitronensaft, Apfelsaft, Zucker sowie Vanillepuddingpulver dazugeben und alles 7 Min./100°/Linkslauf / Stufe 3 kochen. Mixtopf aus dem Grundgerät nehmen und die Füllung darin mindestens 20 Min. abkühlen lassen.

4 Die Füllung auf dem Teigboden verteilen. Den Kuchen im Ofen (Mitte) ca. 30 Min. backen. Kuchen 10 Min. in der Form ruhen lassen, dann herauslösen und auf einem Kuchengitter mindestens 1 Std. abkühlen lassen. Mixtopf spülen.

5 Den Rühraufsatz in den Mixtopf stecken. Sahne im Mixtopf zunächst 1 Min./Stufe 3 schlagen, dann ohne Zeitvorgabe auf Stufe 3 steif schlagen. Schmand und Vanillezucker 5 Sek./Stufe 3 unterrühren. Creme auf die ausgekühlte Torte streichen. Zimt mit Zucker mischen und daraufstreuen.

Schmeckt wie bei Oma ...

ERDBEERTORTE
mit Frischkäse-Spaghetti

FÜR 1 SPRINGFORM (26 CM Ø, 12 STÜCKE)

Für den Boden:
1 Bio-Zitrone
150 g Zucker
4 Eier
200 g Mehl

Für die Füllung:
50 g weiße Schokolade
500 g Erdbeeren
50 g Zucker
400 g Frischkäse (Doppelrahmstufe)
1 Msp. gemahlene Bourbon-Vanille
Instant-Gelatine für 500 ml Flüssigkeit
300 g Sahne

Außerdem:
Öl und Mehl für die Form

Zubereitung: 40 Min.
+ 20 Min. Backen
+ 40 Min. Abkühlen

1 Backofen auf 200° vorheizen. Form am Boden mit Öl fetten und mit Mehl bestäuben. Für den Boden Zitrone waschen und trocken reiben. Schale mit dem Sparschäler dünn abschälen, mit Zucker im Mixtopf 10 Sek./Stufe 10 pulverisieren. Zitronensaft auspressen, für die Füllung beiseitestellen. Rühraufsatz in den Mixtopf stecken, Eier dazugeben und alles in 6 Min./37°/Stufe 4 schaumig rühren. Mehl 4 Sek./Stufe 3 unterheben. Rühraufsatz herausziehen und abspülen. Teig in die Form füllen, im Ofen (Mitte) ca. 20 Min. backen. Aus der Form lösen und 40 Min. abkühlen lassen. Mixtopf spülen.

2 Für die Füllung Schokolade in Stücke brechen, im Mixtopf 4–8 Sek./Stufe 6 hacken (Achtung laut!), umfüllen. Teigboden auf eine Platte setzen und mit dem Springformrand umschließen. Erdbeeren waschen, trocken tupfen und entkelchen. 350 g Beeren klein schneiden, auf dem Teigboden verteilen. Zucker im Mixtopf 10 Sek./Stufe 10 pulverisieren, 1 EL beiseitestellen. Frischkäse, Vanille und beiseitegestellten Zitronensaft 5 Sek./Stufe 3 unter den Zucker im Mixtopf rühren. Auf 20 Sek./Stufe 1 einstellen, Gelatine in das laufende Gerät rieseln lassen. Creme in einer Schüssel kalt stellen.

3 Rühraufsatz in den Mixtopf stecken. Sahne im Mixtopf zunächst 1 Min./Stufe 3 schlagen, dann ohne Zeitvorgabe auf Stufe 3 steif schlagen. Frischkäsecreme neben den Rühraufsatz geben und 5 Sek./Stufe 3 unterheben. Die Hälfte der Creme auf den Erdbeeren glatt streichen. Restliche Creme durch eine Kartoffelpresse daraufpressen. Rühraufsatz entfernen, Mixtopf spülen. Restliche Erdbeeren mit dem beiseitegestellten Puderzucker im Mixtopf 10 Sek./Stufe 8 pürieren. Auf die Torte geben und mit Schokolade bestreuen.

Tolle Geburtstags-
Torte für Sommerkinder!

Dreistöckige
FESTTAGSTORTE

FÜR 1 TORTE (24 STÜCKE)

Für die Tortenböden:
2 Gläser Stachelbeeren (à 390 g
Abtropfgewicht) | 400 g Zucker
2 Pck. Vanillezucker
500 g weiche Butter | Salz
6 zimmerwarme Eier (M)
750 g Mehl | 2 Pck. Backpulver
100 g gemahlene Mandeln
80 g Vollmilch

Für Füllung und Deko:
800 g Buttercreme (s. S. 206)
150 g Aprikosenkonfitüre
2 weiße Fondantdecken (oder 2
Marzipan-Tortendecken)
Belegkirschen, Zuckerdeko etc.

Außerdem:
Öl und Mehl für die Form
2 Springformen (28 + 20 cm Ø)
Tortenring (13 cm Ø)
evtl. Puderzucker zum Ausrollen
Spritzbeutel mit Lochtülle

Zubereitung: 2 Std.
+ 1 Std. 10 Min. Backen
+ 3 Std. Abkühlen / Kühlen
Pro Stück ca. 590 kcal,
8 g EW, 37 g F, 56 g KH

1 Backofen auf 175° vorheizen. Formen und Tortenring fetten und mit Mehl ausstäuben. Für die Böden Stachelbeeren in einem Sieb abtropfen lassen. Für den unteren Boden 200 g Zucker, 1 Pck. Vanillezucker, 250 g Butter, 1 Prise Salz, 3 Eier, 375 g Mehl, 1 Pck. Backpulver, 50 g Mandeln und 40 g Milch im Mixtopf 1 Min./Stufe 4 verrühren. Hälfte der Beeren mit dem Spatel unterheben. Teig in die Form (28 cm Ø) füllen und im Ofen (Mitte) 40 Min. backen. Herauslösen, auf einem Gitter auskühlen lassen. Inzwischen Mixtopf spülen. Für die Buttercreme Pudding kochen und abkühlen lassen (s. S. 206, Schritt 1). Mixtopf spülen.

2 Für den mittleren und oberen Boden ein Backblech mit Backpapier auslegen, Form (20 cm Ø) sowie Tortenring daraufstellen. Übrige Teigzutaten wie in Schritt 1 beschrieben zu Teig verarbeiten. Teig in Form und Tortenring füllen, im Ofen (Mitte) 30 Min. backen. Herauslösen, auf einem Gitter auskühlen lassen. Inzwischen Mixtopf spülen und Creme fertig stellen (s. S. 206, Schritt 3).

3 Tortenböden oben und an den Rändern mit Konfitüre einstreichen, waagerecht halbieren. Ein Drittel der Buttercreme beiseitestellen. Mit der restlichen Creme die unteren Tortenbodenhälften bestreichen. Jeweils die Oberhälften darauflegen. Unteren und mittleren Boden oben und seitlich mit Fondant umhüllen, dafür die Hände leicht befeuchten. Überstehenden Fondant abschneiden und ausrollen (Marzipan mit etwas Puderzucker ausrollen), den oberen Boden damit umhüllen. Böden auf einer Kuchenplatte aufeinandersetzen. Restliche Creme in den Spritzbeutel füllen. Torte mit Creme, Belegkirschen, evtl. übrigem Fondant und nach Belieben mit Zuckerdeko etc. dekorieren. Mindestens 1 Std. kalt stellen.

LIEBLINGSTEILCHEN
für jede Gelegenheit

SCHNELLE VOLLKORNWAFFELN
FÜR 8 STÜCK

125 g Butter im Mixtopf in 3 Min./50°/Stufe 1 zerlassen. 2 Eier, 75 g Zucker, 250 g Vollmilch und 250 g Dinkelvollkornmehl 20 Sek./Stufe 5 unterrühren. Waffeleisen vorheizen und bei Bedarf leicht fetten. Aus dem Teig 8 Waffeln backen. Dafür je ca. 2 gehäufte EL Teig in das Waffeleisen geben und in ca. 2 Min. goldbraun backen. Fertige Waffeln mit Puderzucker bestäuben und sofort servieren. Dazu passen steif geschlagene Schlagsahne und Rote Grütze.

Zubereitung: 20 Min.
Pro Stück ca. 305 kcal, 7 g EW, 16 g F, 31 g KH

RATZFATZ-KOKOSMAKRONEN
FÜR CA. 35 STÜCK

Backofen auf 150° vorheizen. Ein Backblech mit Backpapier belegen. 75 g Zucker im Mixtopf 10 Sek./Stufe 10 pulverisieren. Rühraufsatz in den Mixtopf stecken. 1 Ei (M) hinzufügen, 6 Min./37°/Stufe 4 schaumig rühren. 150 g Kokosraspel 5 Sek./Stufe 3 unterrühren. Mit einem Teelöffel kleine Häufchen auf das Blech setzen, diese mit feuchten Fingern nachformen. Makronen im Ofen (Mitte) ca. 10 Min. backen. Luftdicht verschlossen aufbewahren.

Zubereitung: 15 Min. + 10 Min. Backen
Pro Stück ca. 35 kcal, 0 g EW, 3 g F, 2 g KH

AUSSTECHPLÄTZCHEN
FÜR CA. 80 STÜCK

100 g Zucker im Mixtopf 10 Sek./Stufe 10 pulverisieren. Mit 200 g Butter in dicken Scheiben, 1 Ei (M), 300 g Mehl und ½ TL Backpulver 1 Min./Stufe 3 verkneten. 1 Std. kühlen. Backofen auf 180° vorheizen. Drei Bleche mit Backpapier auslegen. Teig 3–5 mm dünn ausrollen. Figuren ausstechen. Auf die Bleche legen, mit Eigelb bestreichen, mit Hagelzucker bestreuen. Im Ofen (Mitte) je 12 Min. backen.

Zubereitung: 20 Min. + 1 Std. Kühlen
+ 36 Min. Backen
Pro Stück ca. 35 kcal, 0 g EW, 2 g F, 4 g KH

SÜSSE HEFETEIGFIGUREN
FÜR CA. 8 STÜCK

50 g Butter (in Scheiben), 250 g Milch, 50 g Zucker und 42 g Hefe im Mixtopf 3 Min./37°/Stufe 1 erwärmen. 1 Ei (M), 1 Prise Salz und 500 g Mehl 2 Min./Teigstufe unterkneten. Im Gerät 30 Min. gehen lassen. 10 Sek./Teigstufe kneten. Backofen auf 180° vorheizen. Zwei Bleche mit Backpapier auslegen. Figuren formen oder ausstechen und mit Rosinen dekorieren. Auf die Bleche legen, mit Eigelb bestreichen. Im Ofen (Mitte) je 20 Min. backen. Mit Puderzucker bestäuben.

Zubereitung: 10 Min. + 30 Min. Gehen
+ 40 Min. Backen
Pro Stück ca. 305 kcal, 10 g EW, 2 g F, 50 g KH

Waffeln, Plätzchen, Hefeteilchen - diese Klassiker dürfen einfach nicht fehlen und gelingen mit dem Thermomix besonders leicht und schnell. Die Ausrede "Das dauert jetzt zu lang" lassen Ihre Kinder nun nicht mehr gelten ...

FREIHÄNDIG KOCHEN MIT DEM THERMOMIX
Schritt für Schritt zum Thermomix-Kochprofi werden

Hier das Wichtigste in Kürze, damit Sie für den Thermomix ganz einfach selbst Rezepte entwickeln oder auch Ihre vorhandenen Lieblingsrezepte umsetzen können.

Die Zeiten hängen von der Konsistenz und Temperatur des Mixguts, von dessen Menge und von dem gewünschten Ergebnis ab. Wenn nichts anderes angegeben ist, gelten die Angaben in der Tabelle für das Zerkleinern, Erhitzen und Rühren von üblichen Mengen im Mixtopf. Sollten Sie am Anfang noch unsicher sein, suchen Sie am besten ein ähnliches Rezept in diesem Buch und orientieren sich bei Mengen und Zeiten an diesem. Mit der Zeit werden Sie so garantiert zum Thermomix-Kochprofi!

ZUTATEN & ZUBEREITUNGEN	GERÄTEEINSTELLUNG	DAS SOLLTEN SIE BEACHTEN
Frische Kräuter hacken	3 Sek./Stufe 8 hacken.	Kräuter und Mixtopf sollten möglichst trocken sein. Mindestmenge ½ Bund Kräuter solo oder Kräuter zusammen mit harten Zutaten (z. B. Parmesan, Knoblauch oder Nüsse). Schnittlauch immer mit dem Messer schneiden.
Zwiebeln und Knoblauch für Suppen etc. hacken und in Fett dünsten	3–5 Sek./Stufe 5 hacken, dann 3 Min./120°/Stufe 1 dünsten.	Mindestmenge ½ Zwiebel oder 1 Knoblauchzehe. Vor dem Hacken Zwiebeln schälen, halbieren und Knoblauch schälen. Vor dem Dünsten Mixgut am Rand des Topfs mit dem Spatel nach unten schieben.
Rohen Schinken hacken	Ohne Schwarte und Knorpel in 3 cm große Stücke schneiden und mindestens 4 Stunden tiefkühlen. Dann 5 Sek./Stufe 8 fein hacken.	Während des Mixens vom Gerät weggehen oder Gehörschutz tragen.
Hartkäse / Parmesan hacken	Käse in 2–3 cm große Stücke schneiden und 2–10 Sek./Stufe 8 hacken.	Je härter der Käse und je feiner er gehackt werden soll, umso kleiner schneiden und länger hacken. Bergkäse, Gouda und Co. sollten möglichst kalt oder angefroren sein.
Mehl in Fett anschwitzen und angießen für Saucen und Suppen	3 Min./100°/Stufe 1 anschwitzen, dann angießen und 5–10 Min./90°/Stufe 4 erhitzen und verrühren.	Immer nur mit kalter Flüssigkeit angießen, damit sich keine Klümpchen bilden. Je mehr Flüssigkeit zugefügt wird, umso länger muss erhitzt werden.
Suppe & Co. pürieren	Gekochte Suppe 10–30 Sek./Stufe 4–8 stufenweise ansteigend pürieren.	Wer das Mixgut noch stückig haben will, püriert einfach kürzer.
Emulgieren zu Mayonnaise, Hollandaise und Zabaione	Eigelbe mit anderen Zutaten im Mixtopf 5–8 Min./70°/Stufe 3–4 emulgieren. Zabaione immer auf Stufe 3. Für Hollandaise und Mayonnaise flüssiges Fett bei laufendem Gerät auf den Mixtopfdeckel gießen, sodass es unter dem Messbecher nach und nach in den Mixtopf fließt.	Dafür immer den Rühraufsatz in den Mixtopf stecken. Der Mixtopf muss sauber sein. Das Fett für Mayonnaise und Hollandaise muss flüssig sein bzw. Butter muss vorher zerlassen werden.
4 Eier hart kochen	500 g Wasser in den Mixtopf geben. Eier im Gareinsatz 15 Min./Varoma / Stufe 1 garen.	Für weich gekochte Eier entsprechend kürzer garen, auch wenn Sie heißes Wasser in den Mixtopf geben. In den Gareinsatz passen bis zu 8 Eier, dann länger garen.
Getreide oder Kaffee mahlen	1:30 Min./Stufe 10 mahlen für feines Mehl. Für Schrot (z. B. für Bratlinge) nur 12 Sek./Stufe 8 mahlen.	Mixtopf sollte trocken sein. Maximal 300 g (besser nur 200–250 g) auf einmal mahlen. Während des Mixens vom Gerät weggehen oder Gehörschutz tragen. Kaffee je nach Kaffeebereiter unterschiedlich lang mahlen.

ZUTATEN & ZUBEREITUNGEN	GERÄTEEINSTELLUNG	DAS SOLLTEN SIE BEACHTEN
Schokolade und Nüsse hacken und mahlen	2–5 Sek./Stufe 6 für grob gehackte Nüsse und grob gehackte Schokolade und 5–8 Sek./Stufe 7–10 für ein feines Mahlergebnis.	Mindestmenge 20 g. Vom Gerät weggehen oder Gehörschutz tragen. Bei Schokolade sollte der Mixtopf kalt sein.
Flüssigkeiten mit Stärkemehl oder Puddingpulver für Pudding, Grütze etc. andicken	6–10 Min./90–100°/Stufe 3–4 andicken.	Die Zeitdauer hängt hauptsächlich von der Flüssigkeitsmenge ab.
Andicken mit Instant-Gelatine	Das Gerät auf 10 Sek./Stufe 1–4 einstellen und dann Instant-Gelatine durch den Mixtopfdeckel in das laufende Gerät einrieseln lassen.	Je empfindlicher die Masse ist, umso niedriger die Drehzahlstufe wählen. Wenn z. B. geschlagene Sahne enthalten ist, empfiehlt sich Stufe 1.
Zucker aromatisieren	Zucker z. B. mit Zitrusschalenstücken oder Zimtstangenstücken im Mixtopf 10–20 Sek./Stufe 10 pulverisieren.	Der Mixtopf und das Mixgut sollten trocken sein.
Butter und Schokolade schmelzen	3–4 Min./50°/Stufe 1–3 schmelzen lassen.	Bei größeren Mengen über 200 g entsprechend länger. Sehr kleine Mengen Schokolade oder Butter zusammen mit zusätzlicher Flüssigkeit schmelzen.
Eis crushen für Cocktails & Co.	2–8 Sek./Stufe 6 crushen, je nach Größe der Eiswürfel und gewünschtem Ergebnis.	Während des Mixens vom Gerät weggehen oder Gehörschutz tragen. Bei größeren Mengen über 200 g (max. bis zur 1-l-Marke im Mixtopf) entsprechend länger crushen.
Konfitüre kochen	Die Früchte mit Gelierzucker ca. 14 Min./100°/Stufe 1 kochen.	Vor dem Umfüllen mit 1 TL gekochter Konfitüre auf einem zuvor kalt gestellten Teller eine Gelierprobe machen und die Konsistenz prüfen. Wenn die Konfitüre noch zu flüssig ist, noch länger kochen.
Hefeteig	Flüssigkeit mit Hefe und evtl. Butter oder Öl 2–3 Min./ 37°/ Stufe 2 anwärmen, dann mit Mehl und den restlichen Zutaten 2 Min./Teigstufe kneten.	Gekneteten Hefeteig mind. 30 Min. im Mixtopf (im Grundgerät) zugedeckt gehen lassen. Dann evtl. nochmals 10 Sek./Teigstufe kneten.
Biskuitteig	Eier und Zucker 6 Min./37°/Stufe 4 schaumig rühren. Mehl und andere trockene Zutaten mischen und 4 Sek./Stufe 3 unterheben.	Dafür immer den Rühraufsatz in den Mixtopf stecken. Die trockenen Zutaten am besten in einer Schale auf dem Mixtopfdeckel einwiegen und dann mischen.
Rührteig	Alle flüssigen, weichen und gemahlenen Teigzutaten, wie Zucker, Fett, Eier, Mehl, Backpulver, Milch, Gewürze, gemahlene Nüsse und Kakao 1 Min./Stufe 4 verrühren.	Empfindliche weiche Zutaten, die nicht zerkleinert werden sollen, am besten von Hand mit dem Spatel unter den fertigen Teig heben.
Mürbeteig und Streusel	Alle Teigzutaten 15–30 Sek./Stufe 4 zu Streuseln oder bei Plätzchenteig zu einem Teigkloß kneten.	Die Butter immer kalt und in dicken Scheiben zufügen. Am besten während das Gerät läuft im Mixtopf beobachten, wann grobe Streusel fertig sind. Für einen Teigkloß länger laufen lassen. Streusel in der Form verteilen und mit der Hand an Rand und Boden festdrücken, sodass ein geschlossener Teigboden entsteht, bzw. die Streusel auf dem Kuchen verteilen.
Muffins	Außer Obst und Gemüse alle Zutaten 10–15 Sek./Stufe 3–4 verrühren. Dann Obststücke und andere Zutaten, die nicht zerkleinert werden sollen, 5 Sek./Linkslauf/Stufe 2 unterheben.	Weiches Obst oder Gemüse zuvor am besten mit dem Messer von Hand in Stücke schneiden.
Sahne steif schlagen	1 Min./Stufe 3 rühren, dann ohne Zeitvorgabe auf Stufe 3 weiterrühren, bis die Sahne fest ist.	Dafür immer den Rühraufsatz in den Mixtopf stecken. Sahne sollte kalt sein. Die Dauer variiert und die Sahne wird bei zu langem Rühren schnell zu Butter. Deshalb, während das Gerät ohne Zeitvorgabe läuft, unbedingt beobachten, wann die Sahne fest ist. Mit viel Erfahrung hört man das auch.
Baisermasse	Eiweiße und Puderzucker 4 Min./Stufe 4 rühren, dann auf Kuchen oder Obst verteilen und backen.	Dafür immer den Rühraufsatz in den Mixtopf stecken. Rühraufsatz und Mixtopf müssen sauber und fettfrei sein.

REGISTER VON A-Z

Damit Sie Ihre Lieblingsrezepte noch schneller finden, sind in diesem Register neben häufigen Zutaten wie **Kartoffeln** oder **Tofu** auch beliebte Suchkategorien wie **Plätzchen** oder **Suppen** alphabetisch eingeordnet und hervorgehoben. Darunter finden Sie das Rezept Ihrer Wahl.

A

All-In-Makkaroni mit dreierlei Käse 112
Amarettini: Zitronen-Kokos-Creme 192
Ananas
　Ananas-Bananen-Smoothie 182
　Möhrenrohkost mit Ananas und Joghurt 48
Apfel
　Apfel-Krabben-Suppe 72
　Apfelkompott mit Zimt 127
　Apfelschmarrn 180
　Apfeltiramisu mit Schokolade 198
　Apfeltorte mit Zimt 220
　Apple-Crumble, klassischer 219
　Bratapfelkonfitüre mit Mandeln 33
　Fleischbällchen in Apfel-Curry-Sauce 119
　Kartoffelsuppe mit Schinken 81
　Kerniger Heidelbeer-Crumble 219
　Klassischer Apple-Crumble 219
　Kohlrabisuppe mit Äpfeln 72
　Kürbissuppe mit Apfel 68
　Möhrenrohkost mit Äpfeln und Cashews 48
　Schoko-Apfel-Kuchen am Stiel 208
　So ein Apfelschmarrn 180
Aprikosen
　Aprikosen unter Orangenpudding mit Cookies-Topping 184
　Aprikosendip mit Crème fraîche 28
　Erdbeer-Aprikosen-Konfitüre 126
　Linsensalat mit Rucola 63
　Putenrouladen mit Zaziki 130
　Süßes Walnussbrot mit Aprikosen 204
Asia-Nudeln mit Soja-Ingwer-Sugo 102
Aubergine
　Penne mit Thunfisch 106
　Zwiebelquiche mit Aubergine 168
Ausstechplätzchen 226
Avocado
　Avocado-Mandel-Sandwiches 37
　Guacamole 24
　Melonensalat mit Avocado 60
　Veggie-Döner mit Feta 150

B

Banane
　Ananas-Bananen-Smoothie 182
　Bananen-Stracciatella-Eis 176
　Grapefruit-Zabaione 192
　Quittencreme mit Banane 194
　Schoko-Quark-Mousse 192
Bärlauch
　Bärlauchpesto mit Mandeln 23
　Würzige Bärlauchsuppe mit Röstzwiebeln 78
Basilikum: Italo-Spätzle mit Basilikum 105
Béchamelsauce: Lasagne mit Hackfleisch und Gemüse 93
Beereneis mit Joghurt 176
Beilagen
　Blumenkohl-Mash 124
　Kartoffel-Petersilien-Püree 124
　Paprikareis 124
　Risi-Bisi 124
Birne
　Birnen mit Nussbaiser-Haube 197
　Bunter Bohnensalat mit Würstchen 47
　Gebackene Birnenspalten mit Joghurtcreme 197
　Nudelpuffer mit Birnenkompott 115
Blumenkohl
　Blumenkohl-Mash 124
　Blumenkohlsalat mit Senfdressing 53
　Pappardelle mit Pilz-Sugo 108
Bohnen
　Bunter Bohnensalat mit Würstchen 47
　Eiercocktail mit Salatdressing 47
　Leichtes Chili con Carne 122
　Weiße Bohnensuppe 81
Borschtsch: Veggie-Borschtsch mit Schmand 85
Bratapfelkonfitüre mit Mandeln 33
Brokkoli
　Brokkoli-Schinken-Rigatoni 100
　Mildes Thai-Curry mit roten Linsen 86
Brombeeren: Obstsalat mit Mascarponecreme 178
Brot/Brötchen
　Dinkel-Vollkorntoast 204
　Grundrezept Sandwichbrot 36
　Italienische Fenchelsuppe mit Reis 82
　Knoblauch-Thymian-Fladen 202
　Kressebrötchen 202
　Pizzabrötchen 202

Selbst gebackene Fladen   42
Sommersalat mit Pfirsichdressing   50
Stockbrot   24
Süßes Walnussbrot mit Aprikosen   204
Veggie-Döner mit Feta   150
Bunte Lachsspieße mit Tomaten   136
Bunter Bohnensalat mit Würstchen   47
Butterplätzchen, gefüllte   211

C/D

Cantuccini, knusprige   212
Cashewkerne
Cashew-Schoko-Aufstrich   30
Möhrenrohkost mit Äpfeln und Cashews   48
Spargelrisotto mit Parmesantopping   153
Spätzle mit Pilzragout   105
Chili con Carne, leichtes   122
Chinakohlgratin mit Curryhaube   162
Dampfnudeln: Rinderragout mit Dampfnudeln   121
Datteln
Dattelaufstrich   30
Orientalischer Wirsingeintopf   88
Dinkel-Vollkorntoast   204
Döner: Veggie-Döner mit Feta   150
Dreistöckige Festtagstorte   224

E

Eiercocktail mit Salatdressing   47
Eis
Bananen-Stracciatella-Eis   176
Beereneis mit Joghurt   176
Mango-Orangen-Sorbet   176
Schokokuss-Eis mit Orange   176
Softeis   182
Erbsen
Erbsen-Käse-Creme   94
Graupenrisotto mit Mais und Erbsen   153
Hirsesalat mit Räuchertofu   63
Risi-Bisi   124
Erdbeeren
Beereneis mit Joghurt   176
Erdbeer-Aprikosen-Konfitüre   126
Erdbeerrolle mit Buttercreme   206
Erdbeershake   182
Erdbeertorte mit Frischkäse-Spaghetti   222
Luftige Erdbeermousse   190
Rhabarbergrütze mit Mandelkrokant   189

Vanillecreme mit Erdbeeren   194
Erdnüsse
Linsennudeln mit Kräutercreme   98
Putenspieße mit Erdnusssauce   132

F

Farfalle mit Möhrencreme   98
Feigen
Feigen-Rhabarber-Konfitüre   34
Frischkäse-Sandwiches   37
Orientalischer Wirsingeintopf   88
Feine Rote-Bete-Creme   28
Fenchel
Fenchelquiche mit Blätterteig   168
Italienische Fenchelsuppe mit Reis   82
Soba-Nudeln mit Fenchel   112
Fisch
Bunte Lachsspieße mit Tomaten   136
Cremige Lauchsuppe mit Lachs   78
Fisch-Nuggets im Knuspermantel   142
Fisch-Nuggets im Tomaten-Flakes-Mantel   142
Fisch-Nuggets in Käse-Nuss-Hülle   142
Fisch-Nuggets in Sesam-Tempura-Hülle   142
Fischfilet auf Linsengemüse mit Mango   144
Fischpäckchen mit Lauch   138
Kartoffelsalat mit Räucherfisch   54
Lachsfilet mit bunten Kartoffeln   144
Penne mit Thunfisch   106
Pesto-Scholle mit Zucchinigemüse   140
Welsfilet mit Nusskruste   140
Zitroniges Fischfilet mit Mandel-Pilaw   136
Flammkuchen, Schnittlauch-   170
Fleischbällchen in Apfel-Curry-Sauce   119
Fondant: Dreistöckige Festtagstorte   224
Frikassee: Hühnchenfrikassee mit Pilzen   135
Frischkäse-Sandwiches   37
Frischkäse-Spaghetti mit Himbeersauce   186
Fruchtaufstrich: Himbeerfruchtaufstrich   30
Fruchtiger Gurkensalat mit Kräutern   60
Frühlingszwiebeln
Blumenkohlsalat mit Senfdressing   53
Feine Rote-Bete-Creme   28
Hühnchenfrikassee mit Pilzen   135
Möhrenrohkost mit Kichererbsen   48
Spitzkohl-Curry-Topf mit Nudeln   88
Tomatensalat mit Tofudressing   56
Würzige Bärlauchsuppe mit Röstzwiebeln   78
Fusilli, feurige   106
Fusilli mit Merguez   108

G

Garnelen
  Farfalle mit Möhrencreme 98
  Tomatensalat mit Garnelen 56
Gebackene Birnenspalten mit Joghurtcreme 197
Gefüllte Butterplätzchen 211
Gefüllte Käseröllchen 38
Gemüsefüllung 42
Gemüsenudeln 154
Getreideflocken: Granola 183
Gewürzgurken: Kartoffelsalat mit Schinken und Mais 54
Granola 182
Grapefruit-Zabaione 192
Gratins
  Chinakohlgratin mit Curryhaube 162
  Gratinierte Wirsingkugeln 162
  Gratinierte Zucchinitaler mit Nuss-Käse 41
  Kartoffelgratin mit Kohlrabi 160
  Möhrengratin mit Lauch 160
Graupenrisotto mit Mais und Erbsen 153
Grundrezept Sandwichbrot 36
Grünkernbratlinge mit Möhren und Petersilie 156
Guacamole 24
Gurkencremesuppe, kalte 76
Gurkenhäppchen mit Frischkäsecreme 41
Gurkensalat mit Kräutern, fruchtiger 60

H/I/J

Hackfleisch
  Fleischbällchen in Apfel-Curry-Sauce 119
  Lasagne mit Hackfleisch und Gemüse 93
  Rindfleisch-Bifteki mit Tomaten-Nudeln 135
Hähnchen
  Hähnchen-Gulasch mit Chorizo 121
  Hühnchenfrikassee mit Pilzen 135
  Thai-Hähnchen mit Mango 132
Haselnüsse
  Birnen mit Nussbaiser-Haube 197
  Fisch-Nuggets in Käse-Nuss-Hülle 142
  Gratinierte Zucchinitaler mit Nuss-Käse 41
  Kerniger Heidelbeer-Crumble 219
  Mangold-Mandel-Creme 154
  Nuss-Nugat-Creme 182
  Nussige Schokowürfel 211
  Sesamriegel 208
Hefeteigfiguren, süße 226
Heidelbeeren
  Heidelbeer-Müsli-Muffins 208
  Kerniger Heidelbeer-Crumble 219

Sommersalat mit Pfirsichdressing 50
Herbstsuppe mit Möhrenstreifen, rote 68
Himbeeren
  Frischkäse-Spaghetti mit Himbeersauce 186
  Himbeerfruchtaufstrich 30
Hirsesalat mit Räuchertofu 63
Hörnchennudeln: Mac 'n' Cheese 100
Hühnchenfrikassee mit Pilzen 135
Hummus, klassisch orientalischer 18
Hummus-Spinat-Füllung 42
Italienische Fenchelsuppe mit Reis 82
Italo-Spätzle mit Basilikum 105
Joghurt
  Aprikosen unter Orangenpudding mit Cookies-Topping 184
  Beereneis mit Joghurt 176
  Erdbeershake 182
  Fischpäckchen mit Lauch 138
  Frischkäse-Sandwiches 37
  Fruchtiger Gurkensalat mit Kräutern 60
  Gebackene Birnenspalten mit Joghurtcreme 197
  Heidelbeer-Müsli-Muffins 208
  Kalte Gurkencremesuppe 76
  Kartoffelsalat mit Räucherfisch 54
  Melonensalat mit Avocado 60
  Möhrenrohkost mit Ananas und Joghurt 48
  Putenrouladen mit Zaziki 130
  Sommersalat mit Pfirsichdressing 50
  Spargel-Gnocchi-Salat mit Orangenmayo 58
  Tomatensalat mit Schinken und Gurke 56
  Veggie-Döner mit Feta 150
Johannisbeeren
  Johannisbeerkonfitüre mit Rosmarin 33
  Mandelkuchen mit Johannisbeeren 216
  Milchreis mit Johannisbeergrütze 189

K

Kalte Gurkencremesuppe 76
Kartoffeln
  Cremige Lauchsuppe mit Lachs 78
  Fischfilet auf Linsengemüse mit Mango 144
  Kartoffel-Petersilien-Püree 124
  Kartoffelgratin mit Kohlrabi 160
  Kartoffelpuffer (Variante) 148
  Kartoffelsalat mit Nüssen 54
  Kartoffelsalat mit Parmesan 54
  Kartoffelsalat mit Räucherfisch 54
  Kartoffelsalat mit Schinken und Mais 54
  Kartoffelsuppe mit Schinken 81
  Lachsfilet mit bunten Kartoffeln 144

Mildes Thai-Curry mit roten Linsen 86
Möhrencremesuppe mit Orange 75
Orientalischer Wirsingeintopf 88
Pochiertes Rinderfilet mit Sesam-Kartoffeln 128
Sauerkraut-Kartoffelsuppe mit Kümmel 70
Schweine-Medaillons mit Sahne-Kartoffeln 128
Steckrübencremesuppe 76
Veggie-Borschtsch mit Schmand 85
Versteckrüben-Kartoffelpuffer 148
Weiße Bohnensuppe 81
Welsfilet mit Nusskruste 140

Käse
All-In-Makkaroni mit dreierlei Käse 112
Bärlauchpesto mit Mandeln 23
Chinakohlgratin mit Curryhaube 162
Erbsen-Käse-Creme 94
Erdbeertorte mit Frischkäse-Spaghetti 222
Fenchelquiche mit Blätterteig 168
Fisch-Nuggets in Käse-Nuss-Hülle 142
Frischkäse-Spaghetti mit Himbeersauce 186
Gefüllte Käseröllchen 38
Gratinierte Wirsingkugeln 162
Gratinierte Zucchinitaler mit Nuss-Käse 41
Graupenrisotto mit Mais und Erbsen 153
Gurkenhäppchen mit Frischkäsecreme 41
Italienische Fenchelsuppe mit Reis 82
Italo-Spätzle mit Basilikum 105
Kartoffelgratin mit Kohlrabi 160
Kartoffelsalat mit Parmesan 54
Käse hacken (Tipp) 160
Käsecracker 202
Kunterbunte Gemüsefusilli 102
Lasagne mit Hackfleisch und Gemüse 93
Mac 'n' Cheese 100
Makkaroni siciliana 106
Mediterrane Pizzatorte 172
Mediterrane Schafskäse-Creme 23
Möhrengratin mit Lauch 160
Möhrenrohkost mit Kichererbsen 48
Pasta alla napoletana 106
Pilzsauce 154
Radieschenpaste mit Parmesan 27
Rindfleisch-Bifteki mit Tomaten-Nudeln 135
Rote Herbstsuppe mit Möhrenstreifen 68
Rote-Bete-Quiche mit Schafskäse 166
Schinkenpaste mit Petersilie 20
Soba-Nudeln mit Fenchel 112
Sommersalat mit Pfirsichdressing 50
Spaghettisalat Caprese 50
Spargelrisotto mit Parmesantopping 153
Spinat-Käse-Orecchiette 100
Spinattorte mit Emmentaler 165
Spitzkohl-Curry-Topf mit Nudeln 88

Spitzpaprika mit Käse-Zweierlei 38
Tomaten-Feta-Fettuccine 100
Tomaten-Mozzarella-Sandwiches 37
Tomatensuppe mit Käseknödelchen 66
Walnusspaste mit Frischkäse 20
Zucchini-Rösti mit Estragon-Hollandaise 158
Kerniger Heidelbeer-Crumble 219
Ketchup 126
Kichererbsen
Italienische Fenchelsuppe mit Reis 82
Klassisch orientalischer Hummus 18
Linsennudeln mit Kräutercreme 98
Möhrenrohkost mit Kichererbsen 48
Klassisch orientalischer Hummus 18
Klassischer Apple-Crumble 219
Knoblauch-Thymian-Fladen 202
Knusprige Cantuccini 212
Kohlrabi
Graupenrisotto mit Mais und Erbsen 153
Kartoffelgratin mit Kohlrabi 160
Kohlrabisuppe mit Äpfeln 72
Kunterbunte Gemüsefusilli 102
Kokosmilch/Kokosraspel
Mango-Orangen-Sorbet 176
Mildes Thai-Curry mit roten Linsen 86
Orientalischer Wirsingeintopf 88
Putenspieße mit Erdnusssauce 132
Ratzfatz-Kokosmakronen 226
Thai-Hähnchen mit Mango 132
Zitronen-Kokos-Creme 192
Kompott
Apfelkompott mit Zimt 126
Nudelpuffer mit Birnenkompott 115
Konfitüre
Bratapfelkonfitüre mit Mandeln 33
Erdbeer-Aprikosen-Konfitüre 126
Feigen-Rhabarber-Konfitüre 34
Johannisbeerkonfitüre mit Rosmarin 33
Kräuter-Tomaten-Salz 126
Kräuterbutter, schnelle 24
Kräuterquark mit Speck, sahniger 27
Kräuterspätzle mit Sahne-Linsen 110
Kressebrötchen 202
Kuchen
Erdbeerrolle mit Buttercreme 206
Mandelkuchen mit Johannisbeeren 216
Nussige Schokowürfel 211
Omas Streuselkuchen 214
Rhabarberkuchen mit Schmandguss 214
Schoko-Apfel-Kuchen am Stiel 208
Kunterbunte Gemüsefusilli 102
Kürbis
Kürbissuppe mit Apfel 68

Linsensalat mit Rucola   63
Rote Herbstsuppe mit Möhrenstreifen   68

L

Lasagne mit Hackfleisch und Gemüse   93
Lauch
   All-In-Makkaroni mit dreierlei Käse   112
   Bunte Lachsspieße mit Tomaten   136
   Cremige Lauchsuppe mit Lachs   78
   Fischpäckchen mit Lauch   138
   Kartoffelsuppe mit Schinken   81
   Kunterbunte Gemüsefusilli   102
   Möhrengratin mit Lauch   160
   Suppenwürze   126
   Veggie-Borschtsch mit Schmand   85
Leichtes Chili con Carne   122
Linsen
   Fischfilet auf Linsengemüse mit Mango   144
   Gemüsefüllung   42
   Kräuterspätzle mit Sahne-Linsen   110
   Linsennudeln mit Kräutercreme   98
   Linsensalat mit Rucola   63
   Mildes Thai-Curry mit roten Linsen   86
   Rote Linsenpaste mit Pilzen   18
Luftige Erdbeermousse   190

M

Mac 'n' Cheese   100
Mais
   Eiercocktail mit Salatdressing   47
   Graupenrisotto mit Mais und Erbsen   153
   Kartoffelsalat mit Schinken und Mais   54
Makkaroni siciliana   106
Mandeln
   Avocado-Mandel-Sandwiches   37
   Bärlauchpesto mit Mandeln   23
   Bratapfelkonfitüre mit Mandeln   33
   Chinakohlgratin mit Curryhaube   162
   Dreistöckige Festtagstorte   224
   Fisch-Nuggets im Knuspermantel   142
   Fischpäckchen mit Lauch   138
   Knusprige Cantuccini   212
   Mandel-Schoko-Aufstrich   30
   Mandel-Stachelbeer-Muffins   208
   Mandelkuchen mit Johannisbeeren   216
   Mangold-Mandel-Creme   154
   Möhrenrohkost mit Ananas und Joghurt   48

Möhrenrohkost mit Petersilie   48
Radieschenpaste mit Parmesan   27
Rhabarbergrütze mit Mandelkrokant   189
Zitroniges Fischfilet mit Mandel-Pilaw   136
Mango
   Fischfilet auf Linsengemüse mit Mango   144
   Mango-Orangen-Sorbet   176
   Mangocreme   192
   Thai-Hähnchen mit Mango   132
Mangold-Mandel-Creme   154
Mangoldtorte (Variante)   165
Mayonnaise (Variante)   58
Mediterrane Pizzatorte   172
Mediterrane Schafskäse-Creme   23
Melone
   Fruchtiger Gurkensalat mit Kräutern   60
   Melonensalat mit Avocado   60
   Obstsalat mit Mascarponecreme   178
Milchreis mit Johannisbeergrütze   189
Mildes Thai-Curry mit roten Linsen   86
Möhre
   Farfalle mit Möhrencreme   98
   Gemüsenudeln   154
   Grünkernbratlinge mit Möhren und Petersilie   156
   Hirsesalat mit Räuchertofu   63
   Kartoffelsuppe mit Schinken   81
   Kräuterspätzle mit Sahne-Linsen   110
   Kunterbunte Gemüsefusilli   102
   Lasagne mit Hackfleisch und Gemüse   93
   Leichtes Chili con Carne   122
   Mildes Thai-Curry mit roten Linsen   86
   Möhren-Curry-Suppe mit Pastinakenchips   75
   Möhrencremesuppe mit Orange   75
   Möhrengratin mit Lauch   160
   Möhrenrohkost mit Ananas und Joghurt   48
   Möhrenrohkost mit Äpfeln und Cashews   48
   Möhrenrohkost mit Kichererbsen   48
   Möhrenrohkost mit Petersilie   48
   Orientalischer Wirsingeintopf   88
   Putenspieße mit Erdnusssauce   132
   Rote Herbstsuppe mit Möhrenstreifen   68
   Rote Linsenpaste mit Pilzen   18
   Suppenwürze   126
   Veggie-Borschtsch mit Schmand   85
Muffins
   Heidelbeer-Müsli-Muffins   208
   Mandel-Stachelbeer-Muffins   208
   Oliven-Gemüse-Muffins   150

N/O

Nudeln

    All-In-Makkaroni mit dreierlei Käse   112

    Asia-Nudeln mit Soja-Ingwer-Sugo   102

    Brokkoli-Schinken-Rigatoni   100

    Erbsen-Käse-Creme   94

    Farfalle mit Möhrencreme   98

    Feurige Fusilli   106

    Fusilli mit Merguez   108

    Italo-Spätzle mit Basilikum   105

    Kräuterspätzle mit Sahne-Linsen   110

    Kunterbunte Gemüsefusilli   102

    Lachssahne   94

    Lasagne mit Hackfleisch und Gemüse   93

    Linsennudeln mit Kräutercreme   98

    Mac 'n' Cheese   100

    Makkaroni siciliana   106

    Nudelpuffer mit Birnenkompott   115

    Pappardelle mit Pilz-Sugo   108

    Pasta alla napoletana   107

    Penne mit Thunfisch   106

    Putenrouladen mit Zaziki   130

    Rindfleisch-Bifteki mit Tomaten-Nudeln   135

    Rote Tagliatelle mit Kräutersauce   97

    Schinkensahne   94

    Soba-Nudeln mit Fenchel   112

    Spaghettisalat Caprese   50

    Spätzle mit Pilzragout   105

    Spinat-Käse-Orecchiette   100

    Spinatcreme   94

    Spitzkohl-Curry-Topf mit Nudeln   88

    Tomaten-Feta-Fettuccine   100

Nuss-Nugat-Creme   182

Nussige Schokowürfel   211

Obstsalat mit Mascarponecreme   178

Oliven-Gemüse-Muffins   150

Omas Streuselkuchen   214

Orange

    Ananas-Bananen-Smoothie   182

    Aprikosen unter Orangenpudding mit Cookies-Topping   184

    Dattelaufstrich   30

    Feigen-Rhabarber-Konfitüre   34

    Frischkäse-Spaghetti mit Himbeersauce   186

    Mango-Orangen-Sorbet   176

    Möhrencremesuppe mit Orange   75

    Schokokuss-Eis mit Orange   176

    Sesamriegel   208

    Spargel-Gnocchi-Salat mit Orangenmayo   58

Orientalischer Wirsingeintopf   88

P

Pappardelle mit Pilz-Sugo   108

Paprika

    Aprikosendip mit Crème fraîche   28

    Blumenkohlsalat mit Senfdressing   53

    Gurkenhäppchen mit Frischkäsecreme   41

    Mediterrane Pizzatorte   172

    Paprikareis   124

    Putenrouladen mit Zaziki   130

    Rote Linsenpaste mit Pilzen   18

    Spitzpaprika mit Käse-Zweierlei   38

    Tomaten-Paprika-Sauce   154

    Tomatensalat mit Olivendressing   56

Paprikareis   124

Pasta alla napoletana   106

Pastinake

    Kräuterspätzle mit Sahne-Linsen   110

    Lasagne mit Hackfleisch und Gemüse   93

    Möhren-Curry-Suppe mit Pastinakenchips   75

    Möhrenrohkost mit Ananas und Joghurt   48

    Pastinakencremesuppe   76

Penne mit Thunfisch   106

Pesto-Scholle mit Zucchinigemüse   140

Petersiliencremesuppe   76

Petersilienwurzel

    Cremige Lauchsuppe mit Lachs   78

    Kartoffel-Petersilien-Püree   124

    Leichtes Chili con Carne   122

    Möhrenrohkost mit Petersilie   48

    Suppenwürze   126

Pfannkuchen   182

Pilze

    Hühnchenfrikassee mit Pilzen   135

    Mediterrane Pizzatorte   172

    Pappardelle mit Pilz-Sugo   108

    Pilzsauce   154

    Rote Linsenpaste mit Pilzen   18

    Spätzle mit Pilzragout   105

Pizzabrötchen   202

Plätzchen

    Ausstechplätzchen   226

    Gefüllte Butterplätzchen   211

    Knusprige Cantuccini   212

    Nussige Schokowürfel   211

    Ratzfatz-Kokosmakronen   226

Pochiertes Rinderfilet mit Sesam-Kartoffeln   128

Pute

    Leichtes Chili con Carne   122

    Linsensalat mit Rucola   63

    Putenrouladen mit Zaziki   130

    Putenspieße mit Erdnusssauce   132

Q/R

Quark

Frischkäse-Sandwiches   37
Nudelpuffer mit Birnenkompott   115
Obstsalat mit Mascarponecreme   178
Sahniger Kräuterquark mit Speck   27
Schoko-Quark-Mousse   192
Spinattaschen mit Feta   165
Spinattorte mit Emmentaler   165
Zwiebelquiche mit Aubergine   168

Quiches

Fenchelquiche mit Blätterteig   168
Rote-Bete-Quiche mit Schafskäse   166
Zwiebelquiche mit Aubergine   168

Quittencreme mit Banane   194

Radieschen

Bunter Bohnensalat mit Würstchen   47
Gefüllte Käseröllchen   38
Gemüsefüllung   42
Kalte Gurkencremesuppe   76
Kartoffelsalat mit Nüssen   54
Radieschenpaste mit Parmesan   27

Ratzfatz-Kokosmakronen   226

Reis

Fischpäckchen mit Lauch   138
Italienische Fenchelsuppe mit Reis   82
Milchreis mit Johannisbeergrütze   189
Paprikareis   124
Putenspieße mit Erdnusssauce   132
Risi-Bisi   124
Spargelrisotto mit Parmesantopping   153
Zitroniges Fischfilet mit Mandel-Pilaw   136

Rhabarber

Feigen-Rhabarber-Konfitüre   34
Rhabarbergrütze mit Mandelkrokant   189
Rhabarberkuchen mit Schmandguss   214

Rind

Fleischbällchen in Apfel-Curry-Sauce   119
Lasagne mit Hackfleisch und Gemüse   93
Pochiertes Rinderfilet mit Sesam-Kartoffeln   128
Rinderragout mit Dampfnudeln   121
Rindfleisch-Bifteki mit Tomaten-Nudeln   135

Risi-Bisi   124
Romanesco-Buchweizen-Salat   53

Rote Bete

Feine Rote-Bete-Creme   28
Rote Herbstsuppe mit Möhrenstreifen   68
Rote-Bete-Quiche mit Schafskäse   166
Veggie-Borschtsch mit Schmand   85

Rote Herbstsuppe mit Möhrenstreifen   68
Rote Linsenpaste mit Pilzen   18
Rote Tagliatelle mit Kräutersauce   97

S

Sahnesaucen

Erbsen-Käse-Creme   94
Farfalle mit Möhrencreme   98
Lachssahne   94
Pilzsauce   154
Schinkensahne   94
Spinatcreme   94

Sahniger Kräuterquark mit Speck   27
Sandwichbrot: Grundrezept Sandwichbrot   36

Sandwiches

Avocado-Mandel-Sandwiches   37
Frischkäse-Sandwiches   37
Schoko-Nuss-Sandwiches   37
Tomaten-Mozzarella-Sandwiches   37

Sauerkraut-Kartoffel-Suppe mit Kümmel   70

Schafskäse

Mediterrane Schafskäse-Creme   23
Rindfleisch-Bifteki mit Tomaten-Nudeln   135
Rote-Bete-Quiche mit Schafskäse   166
Spinattaschen mit Feta   165
Spitzpaprika mit Käse-Zweierlei   38
Tomaten-Feta-Fettuccine   100
Veggie-Döner mit Feta   150
Zwiebelquiche mit Aubergine   168

Schinken

Brokkoli-Schinken-Rigatoni   100
Feurige Fusilli   106
Kartoffelsalat mit Schinken und Mais   54
Kartoffelsuppe mit Schinken   81
Schinken-Tomaten-Creme   42
Schinkenpaste mit Petersilie   20
Schinkensahne   94
Schweine-Medaillons mit Sahne-Kartoffeln   128
Tomatensalat mit Schinken und Gurke   56
Weiße Bohnensuppe   81

Schnelle Kräuterbutter   24
Schnelle Vollkornwaffeln   226
Schnittlauch-Dip   24
Schnittlauch-Flammkuchen   170
Schokokuss-Eis mit Orange   176

Schokolade

Apfeltiramisu mit Schokolade   198
Bananen-Stracciatella-Eis   176
Beereneis mit Joghurt   176
Cashew-Schoko-Aufstrich   30
Erdbeertorte mit Frischkäse-Spaghetti   222
Frischkäse-Spaghetti mit Himbeersauce   186
Gefüllte Butterplätzchen   211
Mandel-Schoko-Aufstrich   30
Nussige Schokowürfel   211
Schoko-Apfel-Kuchen am Stiel   208

Schoko-Nuss-Sandwiches   37
Schoko-Quark-Mousse   192
Schweine-Medaillons mit Sahne-Kartoffeln   128
Selbst gebackene Fladen   42

Sesam
Fisch-Nuggets in Sesam-Tempura-Hülle   142
Fruchtiger Gurkensalat mit Kräutern   60
Klassisch orientalischer Hummus   18
Pochiertes Rinderfilet mit Sesam-Kartoffeln   128
Sesamriegel   208
Tomatensalat mit Schinken und Gurke   56
Smoothie: Ananas-Bananen-Smoothie   182
So ein Apfelschmarrn   180
Soba-Nudeln mit Fenchel   112
Softeis   182
Sommersalat mit Pfirsichdressing   50
Spaghettisalat Caprese   50

Spargel
Spargel-Flammkuchen (Variante)   170
Spargel-Gnocchi-Salat mit Orangenmayo   58
Spargelrisotto mit Parmesantopping   153

Spätzle
Italo-Spätzle mit Basilikum   105
Kräuterspätzle mit Sahne-Linsen   110
Spätzle mit Pilzragout   105

Spinat
Hummus-Spinat-Füllung   42
Linsennudeln mit Kräutercreme   98
Spinat-Käse-Orecchiette   100
Spinatcreme   94
Spinattaschen mit Feta   165
Spinattorte mit Emmentaler   165
Spitzkohl-Curry-Topf mit Nudeln   88
Spitzpaprika mit Käse-Zweierlei   38
Steckrübencremesuppe   76
Stockbrot   24
Streuselkuchen: Omas Streuselkuchen   214

Suppen
Apfel-Krabben-Suppe   72
Cremige Lauchsuppe mit Lachs   78
Italienische Fenchelsuppe mit Reis   82
Kalte Gurkencremesuppe   76
Kartoffelsuppe mit Schinken   81
Kohlrabisuppe mit Äpfeln   72
Kürbissuppe mit Apfel   68
Möhren-Curry-Suppe mit Pastinakenchips   75
Möhrencremesuppe mit Orange   75
Pastinakencremesuppe   76
Petersiliencremesuppe   76
Rote Herbstsuppe mit Möhrenstreifen   68
Sauerkraut-Kartoffelsuppe mit Kümmel   70
Steckrübencremesuppe   76
Tomatensuppe mit Käseknödelchen   66

Weiße Bohnensuppe   81
Würzige Bärlauchsuppe mit Röstzwiebeln   78
Suppenwürze   126
Süßes Walnussbrot mit Aprikosen   204

Süßkartoffeln
Fleischbällchen in Apfel-Curry-Sauce   119
Lachsfilet mit bunten Kartoffeln   144

T

Thai-Curry mit roten Linsen, mildes   86
Thai-Hähnchen mit Mango   132
Thymian-Fladen, Knoblauch-   202

Tofu
Hirsesalat mit Räuchertofu   63
Linsennudeln mit Kräutercreme   98
Tomatensalat mit Tofudressing   56

Tomaten
Bunte Lachsspieße mit Tomaten   136
Fenchelquiche mit Blätterteig   168
Feurige Fusilli   106
Fisch-Nuggets im Tomaten-Flakes-Mantel   142
Guacamole   24
Hummus-Spinat-Füllung   42
Italo-Spätzle mit Basilikum   105
Kartoffelgratin mit Kohlrabi   160
Kartoffelsalat mit Parmesan   54
Ketchup   126
Kräuter-Tomaten-Salz   126
Lasagne mit Hackfleisch und Gemüse   93
Leichtes Chili con Carne   122
Mac 'n' Cheese   100
Makkaroni siciliana   106
Mediterrane Pizzatorte   172
Mediterrane Schafskäse-Creme   23
Oliven-Gemüse-Muffins   150
Pappardelle mit Pilz-Sugo   108
Penne mit Thunfisch   106
Pesto-Scholle mit Zucchinigemüse   140
Rinderragout mit Dampfnudeln   121
Rindfleisch-Bifteki mit Tomaten-Nudeln   135
Rote Tagliatelle mit Kräutersauce   97
Schinken-Tomaten-Creme   42
Soba-Nudeln mit Fenchel   112
Spaghettisalat Caprese   50
Tomaten-Feta-Fettuccine   100
Tomaten-Mozzarella-Sandwiches   37
Tomaten-Paprika-Sauce   154
Tomatensalat mit Garnelen   56
Tomatensalat mit Olivendressing   56
Tomatensalat mit Schinken und Gurke   56

Tomatensalat mit Tofudressing   56
Tomatensaucen, feine   106
Tomatensuppe mit Käseknödelchen   66
Veggie-Döner mit Feta   150

Torten
Apfeltorte mit Zimt   220
Dreistöckige Festtagstorte   224
Erdbeertorte mit Frischkäse-Spaghetti   222

V/W/Z

Vanille-Puderzucker   126
Vanillecreme mit Erdbeeren   194
Veggie-Borschtsch mit Schmand   85
Veggie-Döner mit Feta   150
Versteckrüben-Kartoffelpuffer   148
Waffeln: Schnelle Vollkornwaffeln   226
Walnussbrot mit Aprikosen, süßes   204

Walnüsse
Kartoffelsalat mit Nüssen   54
Mediterrane Schafskäse-Creme   23
Pappardelle mit Pilz-Sugo   108
Süßes Walnussbrot mit Aprikosen   204
Veggie-Döner mit Feta   150
Walnusspaste mit Frischkäse   20
Weintrauben, Zimt-Polenta mit   180
Weiße Bohnensuppe   81
Welsfilet mit Nusskruste   140

Wirsing
Gratinierte Wirsingkugeln   162
Orientalischer Wirsingeintopf   88

Wraps
Gemüsefüllung   42
Hummus-Spinat-Füllung   42
Schinken-Tomaten-Creme   42
Selbst gebackene Fladen   42
Zabaione, Grapefruit-   192
Zimt-Polenta mit Weintrauben   180
Zitronen-Kokos-Creme   192
Zitroniges Fischfilet mit Mandel-Pilaw   136

Zucchini
Gemüsenudeln   154
Gratinierte Zucchinitaler mit Nuss-Käse   41
Lachssahne   94
Leichtes Chili con Carne   122
Oliven-Gemüse-Muffins   150
Pesto-Scholle mit Zucchinigemüse   140
Zucchini-Rösti mit Estragon-Hollandaise   158

Zuckerschoten
Kunterbunte Gemüsefusilli   102
Thai-Hähnchen mit Mango   132
Zwiebelquiche mit Aubergine   168

ZUBEREITUNGSZEIT ZWISCHEN 5 UND 15 MINUTEN

BIS 5 MINUTEN

Ananas-Bananen-Smoothie   182
Avocado-Mandel-Sandwiches   37
Beereneis mit Joghurt   176
Cashew-Schoko-Aufstrich   30
Erdbeershake   182
Granola   182
Kräuter-Tomaten-Salz   126
Schnelle Kräuterbutter   24
Softeis   182
Tomaten-Mozzarella-Sandwiches   37
Vanille-Puderzucker   126
Zimt-Polenta mit Weintrauben   180

BIS 10 MINUTEN

Bärlauchpesto mit Mandeln   23
Bananen-Stracciatella-Eis   176
Bunte Lachsspieße mit Tomaten   136
Frischkäse-Sandwiches   37
Gemüsefüllung   42
Gemüsenudeln   154
Guacamole   24
Gurkenhäppchen mit Frischkäsecreme   41
Heidelbeer-Müsli-Muffins   208
Hummus-Spinat-Füllung   42
Kalte Gurkencremesuppe   76
Ketchup   126
Klassisch orientalischer Hummus   18
Kressebrötchen   202
Mandel-Schoko-Aufstrich   30
Mandel-Stachelbeer-Muffins   208
Mango-Orangen-Sorbet   176
Mangocreme   192
Mediterrane Schafskäse-Creme   23
Möhrengratin mit Lauch   160
Möhrenrohkost mit Ananas und Joghurt   48
Möhrenrohkost mit Äpfeln und Cashews   48
Möhrenrohkost mit Kichererbsen   48
Möhrenrohkost mit Petersilie   48
Nuss-Nugat-Creme   182
Omas Streuselkuchen   214
Paprikareis   124
Pastinakencremesuppe   76

Pizzabrötchen   202
Radieschenpaste mit Parmesan   27
Rhabarberkuchen mit Schmandguss   214
Romanesco-Buchweizen-Salat   53
Sahniger Kräuterquark mit Speck   27
Schinkenpaste mit Petersilie   20
Schnittlauch-Dip   24
Schoko-Apfel-Kuchen am Stiel   208
Schoko-Nuss-Sandwiches   37
Schoko-Quark-Mousse   192
Schokokuss-Eis mit Orange   176
Spitzpaprika mit Käse-Zweierlei   38
Steckrübencremesuppe   76
Stockbrot   24
Suppenwürze   126
Süße Hefeteigfiguren   226
Süßes Walnussbrot mit Aprikosen   204
Walnusspaste mit Frischkäse   20
Zitronen-Kokos-Creme   192

BIS 15 MINUTEN

Apfelkompott mit Zimt   126
Aprikosendip mit Crème fraîche   28
Dattelaufstrich   30
Dinkel-Vollkorntoast   204
Erdbeer-Aprikosen-Konfitüre   126
Fischfilet auf Linsengemüse mit Mango   144
Frischkäse-Spaghetti mit Himbeersauce   186
Grapefruit-Zabaione   192
Gratinierte Zucchinitaler mit Nuss-Käse   41
Grundrezept Sandwichbrot   36
Hirsesalat mit Räuchertofu   63
Italienische Fenchelsuppe mit Reis   82
Kartoffel-Petersilien-Püree   124
Kartoffelgratin mit Kohlrabi   160
Kartoffelsalat mit Räucherfisch   54
Kohlrabisuppe mit Äpfeln   72
Lachsfilet mit bunten Kartoffeln   144
Lasagne mit Hackfleisch und Gemüse   93
Linsensalat mit Rucola   63
Nussige Schokowürfel   211
Oliven-Gemüse-Muffins   150
Petersiliencremesuppe   76
Pfannkuchen   182
Ratzfatz-Kokosmakronen   226
Risi-Bisi   124
Rote-Bete-Quiche mit Schafskäse   166
Schinken-Tomaten-Creme   42
Sommersalat mit Pfirsichdressing   50
Tomaten-Paprika-Sauce   154
Tomatensalat mit Garnelen   56

DIE AUTORIN

Karola Wiedemann ist Diplom-Haushaltsökonomin und weiß als Schwäbin auch mit ihrer Zeit zu haushalten. Schnelle und dennoch köstliche und raffinierte Rezepte sind daher ihre Spezialität. Lange Jahre hat sie als Redakteurin Rezept-, Gesundheits- und Familienseiten bei Zeitschriften betreut. Inzwischen ist sie als freie Autorin erfolgreich. Bei GU sind bereits viele Titel von ihr erschienen z.B. Expresskochen, Schwäbisch kochen, Säure-Basen-Kochbuch. Der Thermomix steht Karola Wiedemann schon seit etlichen Jahren als treuer Helfer in der Küche zur Seite und ist aus ihrem Küchenalltag nicht mehr wegzudenken.

DER FOTOGRAF

Klaus Einwanger fotografiert in seinen KME Studios in Rosenheim seit über 25 Jahren Food, People und Lifestyle. Seine Bilder bestechen durch ihre Emotionalität und die raffiniert gewählten Blickwinkel – kein Wunder, dass die Arbeiten regelmäßig preisgekrönt werden. Für dieses Buch verwandelte er seine Studios in eine fröhliche Familienküche und mixte mit seinem Team, was das Zeug hält. Ein besonderes Dankeschön geht an **Sven Dittmann, Michael Koch, Veronika Lutz, Daniel Schwarz** (Foodstyling) und **Deborah De Luca** (Styling), die auch im größten Trubel jedes Detail im Blick hatten und jedes Foto einzigartig machten. **Christian Kempf** (Postproduction) sorgte für die perfekte Bearbeitung und technisch einwandfreie Daten.

Bildnachweis: Alle Fotos von Klaus Einwanger, außer Autorenfoto: Food & Nude Photography, Münster; S. 17, 45, 65, 91, 117, 147, 175, 201: shutterstock. Alle Illustrationen: Julia Hollweck.

Syndication: www.seasons.agency
Ein Unternehmensbereich der StockFood GmbH, Tumblingerstr. 32, 80337 München, Tel: 089-7472020

Projektleitung: Verena Kordick
Lektorat: Karin Kerber
Korrektorat: Petra Bachmann
Innengestaltung: independent Medien-Design, Horst Moser, München
Umschlaggestaltung: herzblut02, Martina Baldauf, München
Herstellung: Susanne Mühldorfer
Satz: Longo AG, Herbert Steger, Bozen
Reproduktion: Longo AG, Bozen
Druck: Firmengruppe APPL, aprinta druck, Wemding
Bindung: Conzella, Pfarrkirchen

ISBN 978-3-8338-6018-8

2. Auflage 2017

Umwelthinweis:
Dieses Buch ist auf PEFC-zertifiziertem Papier aus nachhaltiger Waldwirtschaft gedruckt.

Backofenhinweis:
Die Backzeiten können je nach Herd variieren. Die Temperaturangaben in unseren Rezepten beziehen sich auf das Backen im Elektroherd mit Ober- und Unterhitze und können bei Gasherden oder Backen mit Umluft abweichen. Details entnehmen Sie bitte Ihrer Gebrauchsanweisung.

Verwendete Markennamen sind rechtlich geschützt und werden nur verwendet, soweit sie Bestandteile der Rezepte und Infotexte sind. Die Rezepte und Infotexte wurden von uns sorgfältig geprüft, eine Gewähr für die Vollständigkeit und Korrektheit der zur Verfügung gestellten Informationen kann aber nicht übernommen werden. Aus diesem Grund ist die Haftung für Schäden, die durch die Nutzung oder Nichtnutzung der dargebotenen Informationen entstehen, ausgeschlossen. Bitte beachten Sie Anwendungshinweise der Gebrauchsanweisung Ihres Thermomixgerätes.

www.facebook.com/gu.verlag

GRÄFE UND UNZER

Ein Unternehmen der
GANSKE VERLAGSGRUPPE

QUALITÄTS
G|U
GARANTIE

Liebe Leserin, lieber Leser,
haben wir Ihre Erwartungen erfüllt? Sind Sie mit diesem Buch zufrieden? Haben Sie weitere Fragen zu diesem Thema? Wir freuen uns auf Ihre Rückmeldung, auf Lob, Kritik und Anregungen, damit wir für Sie immer besser werden können.

GRÄFE UND UNZER Verlag
Leserservice
Postfach 86 03 13
81630 München
E-Mail:
leserservice@graefe-und-unzer.de

Telefon: 00800 / 72 37 33 33*
Telefax: 00800 / 50 12 05 44*
Mo–Do: 9.00 – 17.00 Uhr
Fr: 9.00 – 16.00 Uhr
(gebührenfrei in D, A, CH)*

Ihr GRÄFE UND UNZER Verlag
Der erste Ratgeberverlag – seit 1722.